Roland Dressler/Jochen Klauss
Weimarer Friedhöfe

Roland Dressler/Jochen Klauss

Weimarer Friedhöfe

1996

Böhlau Verlag Weimar Köln Wien

Die Deutsche Bibliothek – CIP-Einheitsaufnahme
Weimarer Friedhöfe / Roland Dressler/Jochen Klauss.
Weimar ; Köln ; Wien : Böhlau, 1996
ISBN 3-412-00496-0
NE: Dressler, Roland; Klauss, Jochen

Dieses Buch wurde auf chlorfrei gebleichtem, säurefreiem Papier hergestellt.

Umschlagabbildung: Mausoleum der Familie Grosch auf dem Historischen Friedhof.
Im Hintergrund die Russisch-orthodoxe Kapelle mit der Fürstengruft.
Abbildungen auf Seite 9, 11 und 12 mit freundlicher Genehmigung der Evangelisch-Lutherischen Kirchgemeinde Weimar
Abbildungen auf Seite 40, unten (Sigrid Geske) mit freundlicher Genehmigung der Stiftung Weimarer Klassik

Satz und Lithographie: Punkt für Punkt GmbH, Düsseldorf
Druck und Verarbeitung: Wilhelm Röck Graphische Betriebe, Weinsberg
Printed in Germany
ISBN 3-412-00496-0

GRABSTÄTTEN IN WEIMAR
GESCHICHTE UND ERINNERUNG

DIE STADTKIRCHE ST. PETER UND PAUL

DER JAKOBSKIRCHHOF

EINZELGRÄBER AUS „KLASSISCHER" ZEIT

DER HISTORISCHE FRIEDHOF UND DER HAUPTFRIEDHOF

INHALT

3

4

Geschichte und Erinnerung

Einzelgrabstätten bedeutender Persönlichkeiten sowie Friedhöfe spiegeln den Geist vergangener Zeiten wider. Es sind Stätten der Besinnung, der Ruhe, des Erinnerns und der Würdigung, Stätten des Friedens in doppelter Hinsicht: sowohl für diejenigen, die hier zur letzten Ruhe gebettet worden sind, als auch für den Besucher.

Friedhöfen und Grabstätten ist eine besondere, eine feierliche Stimmung eigen, die Abschied als auch Neubeginn umgreift. Ganz in diesem Sinne präsentiert sich die Natur dieser weihevollen Areale; nirgendwo ist der enge Zusammenhang von Denkmalschutz und Naturschutz so augenfällig wie gerade hier.

In unserer mobilen, dem Geld huldigenden, modernen Konsumgesellschaft, die einem fragwürdigen Fortschrittsglauben und einem ebenso gefährlichen wirtschaftlichen Wachstumskonzept zu unkritisch folgt, ist nur weniges tabu geblieben: Wälder und Seen nicht, die touristisch vermarktet, Schlösser und Museen nicht, die kommerziell ausgebeutet werden. Städte und Dörfer, an deren historischen Rändern Gewerbe- und sogenannte Freizeit„parks" entstehen, sind vielerorts angesichts des Bebauungstaumels auf dem Wege zu gesichts- und gestaltlosen Mega-Siedlungen. Der Versiegelungsgrad des Bodens in heutigen Städten hat ständig zugenommen, asphaltierte Straßen, plattenbelegte Plätze, zubetonierte Parkflächen prägen das Bild.

Ein Raum jedoch ist bislang von diesem modernen „Bauwurm" verschont geblieben: der dörfliche oder städtische Fried- und Kirchhof. Pietät, Mystik, Religiosität, anhaltende Nutzung oder einfach Respekt schützten und schützen dieses Gebiet, das durch seine Ruhe, seine Natürlichkeit, seinen Bewuchs zugleich menschlichen Existenzraum darstellt mit eigener Flora und Fauna. Ein Schutz freilich, der heute zerbrechlich geworden ist und bewußt erhalten werden muß –

Bodenspekulation, Baulandsuchende, Kunsträuber, Chaoten oder gar aus politischen Motiven Schändende gefährden die geschützte Substanz alter Friedhöfe.

Alte Grabplatten und Kreuze, schmiedeeiserne Tore und Gitter, verwitterte Treppen und Begrenzungen, schließlich Busch- und Baumgruppen bilden, mit der Aura des besonderen Ortes, das Ambiente der Fried- und Kirchhöfe. Linden, Kastanien, Eschen, Eichen, sodann Trockenmauern, Komposthaufen und teils jahrzehntelang sich ungestört entwickelnde Bepflanzung wie Efeu bilden Unterschlupf und Lebensraum für eine Vielzahl von Lebewesen, von denen z.B. Eulen, Fledermäuse, Erdkröten, Mäuse, Igel und Marder erwähnt seien.

Friedhöfe und Gräber sind Nahtstellen zwischen vergangener Geschichte, gewordener Kultur und dem Heute. Sie sind zugleich lebendige Natur. Nirgendwo ist Goethes „Vermächtnis"-Wort zutreffender:

„Kein Wesen kann zu nichts zerfallen!
Das Ewge regt sich fort in allem,
Am Sein erhalte dich beglückt!"

Tausende von idyllischen, verträumten Friedhöfen sind in Thüringen aufzufinden. Sie prägen ganz entscheidend das reiche Bild dieser alten deutschen Kulturlandschaft. Kein Dorffriedhof, der nicht seine lokalen Zelebritäten aufzuweisen, kein Stadtkirchhof, der nicht auf seine bedeutenden Frauen und Männer hinzuweisen hätte – Weimars Friedhöfe aber sind kulturgeschichtlich, wie die Stadt mit ihrer Historie selbst, besonders herausgehoben in Thüringen, ja vielleicht sogar in ganz Deutschland. Lucas Cranach d. Ä., Goethe, Schiller, Wieland, Herder, Hummel, Abendroth sind Namen von nationaler und internationaler Bedeutung. Die Weimarer Friedhöfe sind verknüpft mit Blütezeiten deutscher Kultur und Kunst im 16., 18. und 19. Jahrhundert. An den Grabstätten und damit an den Friedhöfen läßt sich deutsche Geschichte und Kulturgeschichte der letzten fünfhundert Jahre ablesen.

Die Weimarer Friedhöfe gehören mit ihren teilweise parkähnlichen Anlagen sicher zu den schönsten und poetischsten in ganz Deutschland. Der älteste der Stadt ist der bereits 1168 gegründete Beinacker an der Jakobskirche, der von 1530 bis 1818 sogar die alleinige Begräbnisstätte Weimars darstellte. Wegen akuter Platznot in diesem Jahre geschlossen, wurde er dennoch bis 1851 benutzt; so lange durften die alten Erbbegräbnisse noch ihrem Zwecke dienen.

Am Karfreitag, dem 20. März 1818, erfolgte die Einweihung des neuen Friedhofs vor dem Frauentore, dessen ältester Teil, der heutige „Historische Friedhof", die Begräbnisstätte der klassischen und nachklassischen Weimarer Epoche wurde. Ein Leichenhaus, damals eine vorbildliche Einrichtung für ganz Deutschland, angeregt durch den berühmten Arzt Christoph Wilhelm Hufeland, wurde 1822/23 gebaut, schließlich 1824/25 von Clemens Wenzeslaus Coudray auf einer kleinen Anhöhe die „Fürstengruft" errichtet, die 1859 durch die von Karl Streichhan entworfene „Russische Kapelle" ergänzt wurde. Das schlichte klassizistische Mausoleum als fürstliche Begräbnisstelle war erforderlich geworden, weil durch den Schloßbrand von 1774 und die Platznot in der Stadtkirche St. Peter und Paul kein Bestattungsort für die Weimarer Herrscherfamilie mehr vorhanden war. Ein viertes Bauwerk, die Friedhofskapelle, entstand 1875; sie wurde nach dem 1. Weltkrieg in eine Gedächtniskapelle für die gefallenen Soldaten der Stadt Weimar umgewandelt. Das alte Leichenhaus verschwand nach 1906, nachdem der Friedhof in südlicher Richtung umfangreiche Erweiterungen erfahren und entsprechende Neubauten erhalten hatte.

Eine dritte Begräbnisstätte Weimars, kulturgeschichtlich ebenso interessant wie historisch bemerkenswert, ist der Jüdische Friedhof, östlich des Stadtschlosses und jenseits der Ilm, auf dem heutigen Kasernenberg, gelegen. Bereits 1774 durch Kauf erworben, diente er den wenigen jüdischen Familien Weimars, hauptsächlich den Elkans und Ulmanns, als eigener „guter Ort". Von 1775 bis etwa 1890 sind „in Elkans Garten über dem Schallthor" nach jüdischer Sitte und Tradition Beisetzungen erfolgt. Die Nachkommen wanderten Anfang des Jahrhunderts aus, der Friedhof verfiel und das Land bekam andere Eigentümer. Verwildert und vergessen, zugeschüttet und zugewachsen überstanden die Sandsteintafeln mit hebräischen Schriftzeichen die Zeit des Nationalsozialismus. 1984 konnten die zehn erhaltenen Steine aufgerichtet, konnte das kleine Fleckchen unter Denkmalschutz gestellt und als Jüdischer Friedhof, als Gedenkstätte und Mahnmal, wiedereröffnet werden.

Erwähnenswert sind viertens der kleine Oberweimarer Friedhof, auf dem einige namhafte Künstler des 20. Jahrhunderts beigesetzt wurden, und vor allem auch die in Weimar bzw. der Umgebung der Stadt liegenden Einzelgräber von Wieland und Bertuch.

Nicht zuletzt ist der Massengräber auf dem Gelände des ehemaligen Konzentrationslagers Buchenwald zu gedenken und der erst kürzlich entdeckten Grabstätten aus der Zeit des russischen Internierungslagers nach 1945 an gleicher Stelle. Und nicht zu vergessen sind die sowjetischen Ehrenfriedhöfe, die auch nach der deutschen Einheit und dem Abzug der russischen Truppen bestehen bleiben werden.

So reicht der geschichtliche Bogen, der mit Blick auf Weimars Grabstätten und Friedhöfe geschlagen werden kann, fast über 800 Jahre; von den vergangenen 400 Jahren läßt sich dieser historische Rückblick an bedeutenden Persönlichkeiten festmachen.

Die Stadtkirche
St. Peter und Paul

1. Der „geborene" Kurfürst

Die Stadtkirche St. Peter und Paul ist eine spätgotische dreischiffige Halle mit polygonal geschlossenem Chor. Sie entstand in dieser äußeren Form 1498/1500, während das Innere durch Johann Adolf Richter in den Jahren 1735/45 barock umgebaut wurde. Unter den zahlreichen Kunstwerken der Kirche ragt der sogenannte Cranach-Altar hervor, der eines der bedeutendsten Renaissancegemälde Thüringens darstellt. Seit der Beisetzung des „geborenen" Kurfürsten Johann Friedrich des Großmütigen und seiner Gattin Sibylle von Cleve in dieser Kirche im Jahre 1554 wurde das Gotteshaus für fast 1 1/2 Jahrhunderte die Grabkirche der wettinischen Weimarer Herzöge. Sechs Renaissance- bzw. Barock-Epithaphien aus Alabaster, Marmor und Schiefer im Chor und in der Taufkapelle, dazu zahlreiche steinerne und bronzene Grabplatten erinnern an Angehörige der fürstlichen Familie, die in der Stadtkirche beigesetzt wurden, sowie an bedeutende, dem Hofe nahestehende Personen. Etwa 50 Grabstätten weist die Kirche auf, die vom 15. bis zum Anfang des 19. Jahrhunderts angelegt wurden. Raumbeherrschend stehen in der Mitte des Chores die Tumben von Herzog Johann Friedrich und seiner Frau Sibylle, die mit wuchtigen, von dem Maler Peter Roddelstedt, genannt von Gothland, entworfenen und in Eisleben gegossenen Bronzeplatten bedeckt und verschlossen sind. Einfache, schlichte Wappendarstellungen und Umschriften schmücken diese Bronzetafeln, die Würde und Ehrfurcht ausstrahlen.

Der heutige Herderplatz, ehemals Töpfermarkt, diente im Mittelalter gleichfalls zu Begräbniszwecken.

DIE TUMBEN
JOHANN FRIEDRICHS DES
GROSSMÜTIGEN UND
SEINER GATTIN SIBYLLE,
GEB. VON CLEVE, IM CHOR
DER STADTKIRCHE

2. Die Wegbereiterin des „klassischen" Weimar

Die Herzogin Anna Amalia, geborene Prinzessin von Braunschweig-Wolfenbüttel, übernahm 1759 als zwanzigjährige Witwe und Mutter zweier Söhne die Regentschaft im wirtschaftlich zerrütteten Herzogtum Sachsen-Weimar und Eisenach. In 16 Jahren bis 1775 leistete die couragierte und zielstrebige Frau Erstaunliches für ihr Land und dessen Bevölkerung, gelang es ihr mit Unterstützung erfahrener Räte und tatkräftiger Beamter, die sozialen und politischen Folgen des Siebenjährigen Krieges im Herzogtum allmählich zu überwinden und die Staatsfinanzen durch eine kluge und sparsame Politik zu ordnen. Vor allem aber schuf sie infolge ihres kunstsinnigen Naturells und ihrer aufgeklärten Denkart die Atmosphäre, in der die Künste und die Wissenschaften sich entfalten und wachsen konnten. Sie war es, die für eine wieder aufblühende Musikkultur in der Residenz sorgte, sie öffnete die herzoglichen Bücherschätze der Allgemeinheit, sie holte Wieland, den bedeutenden Schriftsteller und Aufklärer, als Erzieher ihrer Söhne nach Weimar und ermöglichte ihm die äußeren Bedingungen für seine Existenz als Dichter und Künstler. In der Seele schwer getroffen durch die politisch-militärischen Ereignisse, starb sie am 10. April 1807. Sie war die letzte Herrscherin aus dem Weimarer Fürstenhaus, die in der Stadtkirche beigesetzt wurde.

11

3. HERDER UND „SEINE" KIRCHE

Johann Gottfried Herder und Goethe lernten sich 1770 in Straßburg kennen; ihre gegenseitige Einflußnahme führte zu wichtigen Entwicklungen in der deutschen Literatur. 1776 setzte Goethe die Berufung seines Freundes als Generalsuperintendent des Herzogtums Sachsen-Weimar-Eisenach durch. Als *Pastor primarius* der Stadtkirche wirkte Herder bis zu seinem Tode 1803; hier, an der langjährigen Stätte seines öffentlichen Amtes, wurde der Philosoph und Theologe, der beeindruckende Prediger, ohne den das „klassische" Weimar nicht denkbar ist, beigesetzt. Als jüngste Grabtafel schmückt seit 1819 die in einer Berliner Eisengießerei hergestellte Platte sein Grab unter dem Kirchenboden. Sie zeigt das Bild von Herders Siegelring sowie dessen Motto: Licht-Liebe-Leben. In den vielen Jahrzehnten seit Herders Tod hat sich der volkstümliche Name „Herderkirche" für das Gotteshaus im Weimarer Sprachgebrauch festgesetzt.

DIE EISENPLATTE ÜBER HERDERS GRAB IN DER STADT-KIRCHE

12

13

Der Jakobskirchhof

4. Jakobskirche und „Malergruft"

Bereits 1168 auf einem kleinen Hügel erbaut, war die Kirche, Mittelpunkt einer alten Siedlung, folglich älter als das „Castrum Wymar", um das sich die spätere Stadt Weimar entwickelte. Vor 1712 mußte das über halbtausendjährige altehrwürdige Kirchlein, um das sich die älteste Friedhofsanlage Weimars erstreckt, wegen Baufälligkeit abgetragen und durch ein neues Gebäude ersetzt werden. Der Landbaumeister Johann Mützel schuf 1712 die heutige Kirche in ihrer schlichten, schmucklosen Klarheit, deren charakteristische Kuppelformen und Turmumrisse die Silhouette des alten Weimar mitbestimmten, welcher zarte Eindruck seit Jahren durch die klotzige Masse des benachbarten Studentenheims allerdings vernichtet wurde.

Herzog Ernst August bestimmte 1728 den sakralen Bau zur Garnisonkirche, und nach dem Schloßbrand von 1774, dem auch die Schloßkapelle zum Opfer fiel, galt sie als Hof- und Garnisonkirche. An der Südseite des Kirchenbaues ist die Cranach-Gruft gelegen, die den großen Reformationsmaler und Freund Luthers, Lukas Cranach, 1553 zur letzten Ruhe aufnahm. In der geräumigen Gruft fanden zwischen 1651 und 1843 noch weitere 35 weimarische Künstlerpersönlichkeiten ihre Ruhestätte, darunter die Hofmaler Johann Ernst Rentzsch und Johann Friedrich Loeber sowie die Maler und Direktoren der Freien Zeichenschule Georg Melchior Kraus und Ferdinand Jagemann. Ihre Gedenksteine wurden an der Kirchenmauer aufgestellt, an der weitere Epitaphien an die Schriftsteller Karl August Musäus, Johann Joachim Christoph Bode und Carl Ludwig Fernow erinnern, allesamt führende Köpfe aus der frühen Blütezeit des „klassischen" Weimar, aus dem Dunstkreis des Musenhofs der Herzogin Anna Amalia. Vor der Kirche beherrscht das Denkmal für den preußischen Generalleutnant Friedrich Wilhelm Karl Graf von Schmettau die Szene, der 1806 in Weimar seinen Verletzungen erlag, die

er im Kampf gegen Napoleon erlitten hatte. Am 19. Oktober desselben Jahres ließ sich Goethe in der Sakristei der Jakobskirche mit Christiane Vulpius trauen.

5. DER TOD
EINES TISCHLER-GESELLEN

„Als ich um 1 Uhr, meine gewöhnliche Zeit, vom Hofe gieng, dachte noch keine Seele an nichts, selbst auf der Cammer, wo das Feuer zuerst ausbrach, wurden die bis 12 Uhr daselbst arbeitenden Räthe und Subalternen nicht das Mindeste gewahr. Um halb zwey stand schon der ganze Dachstuhl des Schlosses ringsherum in vollen Flammen, und um 3 Uhr schlug es schon aus allen Kreuzstöcken der herrschaftlichen Zimmer. Keine Menschliche Macht hätte das Schloß gegen die fressende Wuth der Flammen retten können. Es ist beynahe ein Wunder wie noch eine so grosse Menge von allen Arten von Möbeln aus dem ganzen Schlosse gerettet worden sind. Die ganze Stadt war in größter Gefahr, und erst in der Nacht um 3 Uhr konnten wir uns der Hoffnung sicher zu seyn, überlassen. Doch, ich habe weder Zeit noch Ruhe des Geistes genug um Ihnen eine Beschreibung dieses schrecklichen 6ten Mayes zu machen. Vom ganzen Schloß steht, außer den nackten steinernen Hauptmauern, nichts mehr als der Thurm und die Regierung; alles übrige ist ein Raub der Flammen geworden. Von den Herrschaftlichen Sachen, Kostbarkeiten, Geld und Möbeln ist das Meiste gerettet. Aber andre Personen, sonderlich die beyden Hofdamen haben ihr Meistes verlohren..."

(Christoph Martin Wieland, Briefwechsel, am 6. Mai 1774)

Johann Franz August Zimmermann, Tischlergeselle aus Ilmenau, fand während der Rettungsarbeiten in der brennenden Wilhelmsburg am 6. Mai 1774 den Tod. Es zeugt von der Gesinnung der fürstlichen Familie, daß sie durch den Hofbildhauer Martin Gottlob Klauer dieses Grabmal schaffen und aufstellen ließ. Der schwäbische Publizist und Sturm-und-Drang-Lyriker Christian Friedrich Daniel Schubart, wegen seiner antifeudalen Einstellung von Herzog Carl Eugen zehn Jahre auf der Festung Hohenasperg eingekerkert, feierte diese liberale Tat der Weimarer Herrscher 1775 in seiner Zeitschrift „Deutsche Chronik": „Da es bekanntlich unter den niedrigsten Ständen des Lebens Menschen gibt, die große Handlungen zu thun fähig sind, so sollen sie niemals von öffentlichen Ehrenbezeugungen, die allgemeine Nacheiferung erregen, ausgeschlossen bleiben. Verdienst bleibt Verdienst, im Zwilchkittel wie im Purpur." Es ist dies ein kleines, aber bezeichnendes Beispiel, wie sich der geistige Ruf Weimars zu verbreiten begann.

GRAB VON
J. F. A. ZIMMERMANN
AUF DEM
JAKOBSFRIEDHOF

17

6. Das Kassengewölbe

Über 800 Jahre alt ist der Jakobsfriedhof, generationenlang war er die einzige Begräbnisstätte der Stadt. 1818 wurde er geschlossen, in Ausnahmefällen allerdings bis 1851 für Beisetzungen in den Erbbegräbnissen noch genutzt. Das spätere Kassengewölbe war 1715 zunächst als privates Erbbegräbnis errichtet worden, ging aber 1742 in den Besitz der Landschaftskasse über, der obersten Finanzbehörde des Herzogtums Weimar. Gegen eine geringe Gebühr wurden in dieser Gruft angesehene oder adelige Bürger beigesetzt, die über kein eigenes Erbbegräbnis verfügten. Bis 1826 fanden hier insgesamt 64 Beisetzungen statt, darunter waren der Vater und die Mutter der Charlotte von Stein, Louise von Göchhausen, bekannt als Kopistin des „Urfaust", und zahlreiche weitere Personen des „klassischen" Weimar. Am 12. Mai 1805 setzte man Friedrich von Schiller in dieser Gruft bei. Erst 1826 wurden seine sterblichen Überreste exhumiert und – nach einem Zwischenaufenthalt in der Herzoglichen Bibliothek – am 16. Dezember 1827 in die von Coudray neuerbaute Fürstengruft überführt. Der über dem Kassengewölbe befindliche barocke Pavillon mußte 1854 abgetragen, das Gewölbe selbst niedergelegt und ausgefüllt werden. 1913 stellte man diesen Pavillon nach dem Original wieder her, in dem man Gedenktafeln für die einst hier Beigesetzten anbrachte.

7. Frühes Ende einer Schauspieler-Karriere

Johann Christian Neumann, einer der namhaften Schauspieler in der Theatertruppe Bellomos, verstarb siebenunddreißigjährig in Weimar, Witwe und Tochter in denkbar unglücklichen Verhältnissen zurücklassend. Als Bellomos Truppe nach siebenjährigem Aufenthalt 1791 Weimar verließ, übergab Herzog Carl August die Leitung seines Hoftheaters seinem „Kultusminister" Goethe, der sie „mit Vergnügen" übernahm. Neue Schauspieler wurden in Weimar verpflichtet, einige aus der alten Truppe blieben, darunter die vierzehnjährige Christiane Neumann, „das liebenswürdigste, natürlichste Talent", wie sich Goethe erinnerte, „das mich um Ausbildung anflehte". Diese Ausbildung fand statt und zeigte schnell Erfolge. In der 1791 gegebenen Inszenierung des Shakespeare-Dramas „König Johann" tat die junge Schauspielerin als Arthur „wunderbare Wirkung". Bereits zwei Jahre später, 1793, verband sich die sechzehnjährige Aktrice mit dem neunundzwanzigjährigen Schauspieler Johann Heinrich Christian Ludwig Becker. Neben anstrengender Bühnentätigkeit gebar Christiane Becker kurz hintereinander zwei Kinder, was ihre zarte Konstitution nicht verkraftete; 1797 bereits starb sie. Nach einer Rolle in Weigls „Petermännchen" widmete Goethe ihr als „Euphrosyne" ein großes elegisches Gedicht, das ihr kurzes Bühnenleben verklärte: „... nimmer bewegt sich Euphrosyne hervor, dir zu erheitern den Blick", klagte der Dichter. Um 1800 wurde am Rosenberg, im Park an der Ilm, das an sie erinnernde Euphrosyne-Denkmal aufgestellt, das 1950, nachdem es zuvor mehrfach umgesetzt worden war, endlich auf dem Schauspielerfriedhof seinen letzten Standort fand. Ernst von Wildenbruch ließ 1912 eine Kopie im Park aufstellen.

8. DAS LITERARISCHE DENKMAL EINES THEATER-HANDWERKERS

Ja, Mieding todt! O scharret sein Gebein
Nicht undankbar wie manchen andern ein!
Laßt seinen Sarg eröffnet, tretet her,
Klagt jedem Bürger, der gelebt wie er,
Und laßt am Rand des Grabes, wo wir stehn,
Die Schmerzen in Betrachtung übergehn.

O Weimar! dir fiel ein besonder Loos!
Wie Bethlehem in Juda, klein und groß.
Bald wegen Geist und Witz beruft dich weit
Europens Mund, bald wegen Albernheit.
Der stille Weise schaut und sieht geschwind,
Wie zwei Extreme nah verschwistert sind.
Eröffne du, die du besondre Lust
Am Guten hast, der Rührung deine Brust!

Und du, o Muse, rufe weit und laut
Den Namen aus, der heut uns still erbaut!
Wie manchen, werth und unwerth, hielt mit Glück
Die sanfte Hand von ew'ger Nacht zurück;
O laß auch Miedings Namen nicht vergehn!
Laß ihn stets neu am Horizonte stehn!
Nenn' ihn der Welt, die kriegrisch oder fein
Dem Schicksal dient und glaubt ihr Herr zu sein,
Dem Rad der Zeit vergebens widersteht,
Verwirrt, beschäftigt und betäubt sich dreht;
Wo jeder, mit sich selbst genug geplagt,
So selten nach dem nächsten Nachbar fragt,
Doch gern im Geist nach fernen Zonen eilt
Und Glück und Übel mit dem Fremden theilt.
Verkünde laut und sag' es überall:
Wo Einer fiel, seh' jeder seinen Fall!

(Goethe, Auf Miedings Tod)
– Auszug –

Johann Martin Mieding, Drechsler, Tischler, Kunst-handwerker aus Erfurt, schreinerte bereits 1776 die schlichten Möbel für Goethes Gartenhaus, schuf aber auch in dessen Auftrag den kunst- und liebevoll ent-standenen Schreibsekretär für Charlotte von Stein, der heute noch in Schloß Kochberg steht. Zugleich war der solcherart sich ausweisende Handwerker zum Bühnen-bildner des Liebhabertheaters aufgestiegen, der mit praktisch-sicherer Hand und zuverlässiger Gewißheit die oft schwierige Her- und Aufstellung der Kulissen besorgte. Als „Theatermeister" war er einer jener in der Geschichte namenlosen Zeitgenossen, und sein ver-dienter Ruhm erhielt sich nur durch Goethes gereimten Nachruf vom März 1782. Auch dies ist ein Beispiel für die hohe Wertschätzung handwerklichen Könnens im „klassischen" Weimar.

22

GRAB DES
THEATERMEISTERS
JOHANN MARTIN
MIEDING
AUF DEM
JAKOBSFRIEDHOF

23

9. Die berühmteste Trauung Weimars

„Dieser Tage und Nächte ist ein alter Vorsatz bey mir zur Reife gekommen; ich will meine kleine Freundinn, die so viel an mir gethan und auch diese Stunden der Prüfung mit mir durchlebte völlig und bürgerlich anerkennen, als die Meine. Sagen Sie mir würdiger geistlicher Herr und Vater wie es anzufangen ist, daß wir, sobald möglich, Sonntag, oder vorher getraut werden. Was sind deßhalb für Schritte zu thun? könnten Sie die Handlung nicht selbst verrichten, ich wünschte daß sie in der Sakristei der Stadtkirche geschähe.
Geben Sie dem Boten, wenn er Sie trifft gleich Antwort. Bitte!"

Mit diesem ebenso entschlossenen wie dringend-fordernden Schreiben vom 17. Oktober 1806 leitete Goethe ein später vieldiskutiertes Ereignis ein, das dann nur zwei Tage später, am 19. Oktober, stattfand: die Trauung mit Christiane Vulpius. Die heilige Handlung wurde in der Sakristei der Jakobskirche vollzogen, denn die Kirche war Lazarett und vollbelegt mit Verwundeten der Doppelschlacht bei Jena und Auerstedt. Nur der siebzehnjährige Sohn August und der Hausgenosse Riemer waren Trauzeugen. Der „würdige geistliche Herr und Vater" war der Oberkonsistorialrat und Hofprediger Wilhelm Christoph Günther, der durch diese Verknüpfung in die Vita des Dichters bekannter geworden ist als durch sein sonstiges Weimarer Wirken. Wegen seines Predigertalents und seiner ökonomischen Fähigkeiten 1801 noch von Herder nach Weimar geholt, übernahm er u. a. die Leitung des Waiseninstituts und wurde ein unentbehrlicher Helfer bei der Reorganisation des niederen Schulwesens, einer der Herderschen Herzensanliegen. Sogar als Bergbauunternehmer versuchte sich Günther, als nämlich unweit seines Heimatdorfes Mattstedt, an einem Steilhang der Ilm, sogenannte Lettenkohle entdeckt und mit großen Hoffnungen abgebaut wurde. Freilich mußte die Grube bereits nach wenigen Jahren infolge mangelhaften Ertrags und zu geringen Heizwerts des minderwertigen Brennstoffs wieder geschlossen werden. Günthers Erbbegräbnis lag nicht an der Kirchenmauer, sondern an der Nordmauer des Friedhofs; die Tafel kam erst 1857 an die Jakobskirche. Im übrigen besitzt die Aufnahme dokumentarischen Wert, zeigt sie doch beeindruckend den stark restaurierungsbedürftigen Zustand des Kirchenäußeren wie auch der alten Grabsteine.

GRABTAFEL FÜR
WILHELM CHRISTOPH
GÜNTHER
AN DER NORDWAND DER
JAKOBSKIRCHE

25

10. GOETHES GELIEBTE UND FRAU

Im Vorübergehn.

Ich ging im Felde
So für mich hin,
Und nichts zu suchen
Das war mein Sinn.

Da stand ein Blümchen
Sogleich so nah,
Daß ich im Leben
Nichts lieber sah.

Ich wollt' es brechen,
Da sagt' es schleunig:
Ich habe Wurzeln,
Die sind gar heimlich.

Im tiefen Boden
Bin ich gegründet;
Drum sind die Blüthen
So schön geründet.

Ich kann nicht liebeln,
Ich kann nicht schranzen;
Mußt mich nicht brechen.
Mußt mich verpflanzen.

Gefunden.

Ich ging im Walde
So für mich hin,
Und nichts zu suchen
Das war mein Sinn.

Im Schatten sah ich
Ein Blümchen stehn,
Wie Sterne leuchtend,
Wie Äuglein schön.

Ich wollt' es brechen,
Da sagt' es fein:
Soll ich zum Welken
Gebrochen sein?

Ich grub's mit allen
Den Würzlein aus,
Zum Garten trug ich's
Am hübschen Haus.

Und pflanzt' es wieder
Am stillen Ort;
Nun zweigt es immer
Und blüht so fort.

Nahes Ende meiner Frau. Letzter fürchterlicher Kampf ihrer Natur. Sie verschied gegen Mittag. Leere und Todtenstille in und außer mir.
(Goethe, Tagebuch vom 6. Juni 1816)

Den 6. Juni 1816.
Du versuchst, o Sonne, vergebens
Durch die düstren Wolken zu scheinen!
Der ganze Gewinn meines Lebens
Ist ihren Verlust zu beweinen.

Fast 26 Jahre lang, von 1788 bis 1816, lebte Christiane, geborene Vulpius, an der Seite Goethes. Als treue Lebensgefährtin, als liebende, aufheiternde Freundin gebar sie ihm fünf Kinder, von denen nur das älteste, der 1789 geborene Sohn August, am Leben blieb. Am 19. Oktober 1806 nahm sie Goethe zur Frau, damit die bürgerliche Legitimation seiner „kleinen, unheiligen Familie" abschließend. Sie blieb für ihn zeitlebens das „kleine Naturwesen" aus der Anfangszeit ihrer Liebes- und Lebensbeziehung.

GRAB DER
CHRISTIANE GOETHE,
GEB. VULPIUS, AUF DEM
JAKOBSFRIEDHOF

11. Goethes Freund und Minister-Kollege

Christian Gottlob von Voigt, Ministerkollege und Freund Goethes, liegt an der Nordseite des Jakobsfriedhofs. Das Erbbegräbnis der Familie nahm außerdem seine erste Frau und den vor ihm verstorbenen Sohn auf. Voigt hat in über fünfzigjähriger Beamtentätigkeit für Sachsen-Weimar-Eisenach Großes und Bleibendes geleistet. Er wirkte mit und neben Goethe in der Ilmenauer Bergwerkskommission, förderte nachhaltig den personellen und strukturellen Ausbau der Jenenser Universität und leitete mit seinem Dichter-Freund das Kultusministerium des Landes, die sogenannte „Oberaufsicht über die unmittelbaren Anstalten für Wissenschaft und Kunst". Er war es, der als leitender Minister des kleinen Ländchens aus dem Hintergrund still und unauffällig Goethes Familie schützte. Er war es auch, der vor 1806 formale Hemmnisse beiseite räumte, wenn es beispielsweise galt, Christiane Vulpius einen Reisepaß auszustellen. Schließlich war er es, der unbürokratisch und schnell die Formalitäten regelte, die Goethes Eheschließung mit seiner Lebensgefährtin am 19. Oktober 1806 erst ermöglichten. Als gelehrter Bücherkenner, als profunder Sammler von antiken Münzen, als beschlagener Mineraloge, als Menschen- und Weltkenner war er Goethe bis zu seinem Tode 1819 ein wichtiger und eng verbundener Gesprächspartner. Voigts Persönlichkeit und Wirken haben viel vermocht und bedeutet für das Phänomen „klassisches Weimar"; um so bedauerlicher, daß sein Name im Bewußtsein der Nachwelt kaum fortlebte. Dem Freundeskreis „Goethe-Nationalmuseum e. V." kommt das Verdienst zu, mit einer kleinen Gedenkplatte den Versuch unternommen zu haben, Voigts Leistung in Erinnerung zu rufen.

CHRISTIAN GOTTLOB VON VOIGT
(23.12.1743 – 22.03.1819)
MINISTERKOLLEGE UND FREUND
GOETHES

Erneuert zum 250. Geburtstag
Freundeskreis
Goethe Nationalmuseum

12. Heldentod für Preussen

Friedrich Wilhelm Karl Graf von Schmettau nahm als preußischer Generalleutnant an der Schlacht von Jena und Auerstedt teil, wo er schwer verwundet wurde. Mit der geschlagenen und fliehenden Armee gelangte er am 14. Oktober 1806 nach Weimar, und Charlotte von Stein nahm den Schwerverwundeten bereitwillig auf, um ihn aufopfernd zu pflegen. Die Sorge um Schmettau wurde letztlich der Grund, weshalb der Steinsche Hausstand völlig ausgeplündert wurde. Frau von Stein berichtete brieflich an ihren Sohn Fritz über Schmettaus Ende: „Ich ließ seine Uniform verstecken; er versicherte mich, man werde ihn sonst massakrieren... Ich gab ihm ein Hemd von Deinem seligen Vater, das von ungefähr noch dalag, denn seines war voll Blut, wickelte ihn in meinen flanellenen Bademantel, kaufte in Eile eine baumwollene Nachtmütze und brachte ihn so zu Bett, den armen Unglücklichen". Mehrere Horden wütend plündernder Franzosen konnte sie mit Wein und Geld abwehren, bis ihr im Morgengrauen des 15. Oktober von mehreren Seiten her die Türen und Fenster von betrunkenen Soldaten eingeschlagen wurden. Frau von Stein rannte aus dem Haus, um Hilfe zu holen, und kehrte mit einem französischen General zurück. „Indes hatte sich der arme Schmettau am Bettuch durchs Fenster heruntergelassen, war zur Haustür ... wieder hineingegangen und hatte sich ... versteckt gehalten, und eben kam ich mit dem französischen General ins Haus, da der sterbende Mann barfuß und im Hemd mitten unter den Räubern stand ... Der arme Schmettau mußte noch zu Fuß mit allen seinen Wunden ins Schloß gehen". Am 19. Oktober 1806 erlag der preußische Offizier seinen Verletzungen und wurde mit militärischen Ehren auf dem Jakobsfriedhof beigesetzt. Das patriotische Denkmal entstand unter tätiger Mitwirkung Goethes und wurde erst später, 1808, gesetzt. Entworfen hat es Johann Heinrich Meyer, des Dichters Kunstberater; Carl Gottlieb Weisser führte es aus.

31

Einzelgräber
aus „klassischer" Zeit

13. Der „gute Ort" über dem Schalltor („Jüdischer Friedhof")

Seit der vormundschaftlichen Regierung der Herzogin Anna Amalia siedelten sich in der Residenz Weimar einige jüdische Familien an. Als erster kam der zum Hofjuden ernannte Jakob Elkan, der eine umfangreiche Nachkommenschaft begründete und vor allem von Tuchlieferungen an den Hof lebte. Aber auch die Weimarer Bürgerschaft bediente sich dieses Händlers, zum Beispiel bei den zahlreichen Maskenbällen in der Winterszeit, zu denen man Wachslarven, Masken, Tabarros (= Dominos), Handschuhe, Tressen, Spitzen, Kattunstoffe aller Arten und Farben bedurfte. Goethe erwähnte Elkans geschäftliches Wirken in seinem Gedicht „Auf Miedings Tod" von 1782:

„Der tätige Elkan läuft mit manchem Rest,
 und diese Gährung deutet auf ein Fest."

Neben Elkan waren die Familien des Jakob Löser, des August Callmann und die Familie Ulmann in Weimar seßhaft geworden. Die hohe Kindersterblichkeit der Zeit sowie die Unmöglichkeit, christliche Kirchhöfe zu nutzen, führten 1774 zu der Bitte Elkans an Herzogin Anna Amalia, ihm ein Stück Land als Begräbnisstätte zu überlassen. Dieser „Juden-Gottesacker" ist von 1775 bis 1892 für Beisetzungen genutzt worden. Die letzten Nachkommen der jüdischen Familien wanderten Anfang des 20. Jahrhunderts nach England aus. Der Friedhof verfiel, die Grabsteine wurden umgeworfen, mit Erde überschüttet, dann baute man Futter dort an. Erst ab 1952 konnten die noch vorhandenen, teils verwitterten, teils beschädigten Sandsteine mit hebräischen Schriftzeichen wieder aufgestellt werden; in den achtziger Jahren brachte man eine Gedenktafel an und sorgte für die jetzige Ordnung der Grabsteine.

14. LETZTE RUHE IM OSMANTINUM

Christoph Martin Wieland, der feinsinnige, liebenswürdige und großherzige Dichter-Nestor des „klassischen" Weimar, im Alter oft mit einem griechischen Weisen verglichen, zog sich 1797 in das zwei Wegstunden von Weimar entfernte Dörfchen Oßmannstedt zurück, wo er für 22.000 Taler ein Gut erworben hatte. Am höfischen Leben der Residenz hatte er schon vorher wenig teilgenommen. Nun ermöglichte ihm die ländliche Idylle des Ilmdorfes, seinen alten Wunsch nach einer „angenehmen retraite", nach familiärer Zurückgezogenheit und stiller literarischer Existenz auszuleben. Das geschichtsträchtige, über 1000 Jahre alte Dörfchen, wo einst die Serviten ein eigenes Kloster besaßen, wo Mitte des 18. Jahrhunderts der Reichsgraf Heinrich von Bünau das Rittergut sein eigen nannte, war dem Dichter schon längst bekannt. Seine Tochter Amalie, eine aus der 14köpfigen Kinderschar, heiratete den Oßmannstedter Pfarrer August Jakob Liebeskind. Im Gutsgebäude und dem Park, seinem „Oßmantinum", entfaltete der alte Wieland seine eigene, familiär-heitere Geselligkeit, in die er mit der magnetischen Kraft seiner harmonischen Persönlichkeit die „äußere" Welt hineinzog: Herzog Carl August und dessen Frau Louise sowie die Herzoginmutter Anna Amalia suchten ihn dort ebenso auf wie Johann Gottlieb Fichte, Jean Paul, Johann Wilhelm Ludwig Gleim, Johann Gottfried Seume, Sophie von Laroche oder Heinrich von Kleist. Nicht nur diesem letztgenannten spendete Wieland Teilnahme und Hilfe. Als ihn im Sommer 1799 die alte Jugendliebe Sophie von Laroche besuchte, befand sich in ihrer Begleitung ihre Enkelin Sophie Brentano, Tochter der Maximiliane, Schwester von Bettina und Clemens Brentano. Im folgenden Jahr erkrankte das Mädchen schwer, und es war ihr innigster Wunsch, in Oßmannstedt, in der Nähe des menschlich fühlenden Dichters, ihr Dasein zu beschließen. Väterliche Liebe und mitleidender Trost Wielands halfen dem unglücklichen Mädchen in den letzten Monaten seines Lebens. Im Gutspark, an einer Flußbiegung, bestimmte man ihr Grab. Ein Jahr später starb Wielands Gattin „Dorettchen", mit der er 36 Jahre zusammengelebt hatte. Die nach ihrem Tod einkehrende bedrückende Stille und wirtschaftliche Not zwangen zum Verkauf des Gutes. „Ich bin wie einer, der sich im Schiffbruch zu retten sucht; ich strenge im Kampf mit den Wogen alle meine Kräfte an; aber sie ermatten nach und nach", schrieb er in dieser harten Zeit. 1813 fand er an der Seite von Sophie Brentano und seiner Frau seine letzte Ruhe. Heute erhebt sich über dieser Stätte ein einfacher dreiseitiger Obelisk. Das schöne kunstgeschmiedete Gitter entstand 1827 nach einem Entwurf Coudrays.

15. Das Familiengrab im „Fürstlichen Baumgarten"

Friedrich Johann Justin Bertuch, Geheimsekretär und Schatullverwalter des Herzogs Carl August, galt im geniedurchbrausten Weimar der Sturm- und Drang-Zeit als trockener Philister und Alltagsmensch. Schon in den langen Jahren als finanzieller Intimus seines nur mit vergleichsweise kargen Mitteln versehenen Fürsten verstand es Bertuch, eigenen wirtschaftlichen Unternehmungen Kontur und Farbe zu geben, schließlich reichlichen Gewinn aus zahlreichen phantasievollen Projekten zu erzielen. Als Übersetzer aus dem Spanischen, Französischen, Englischen und Italienischen, als Verseschmied und Dramendichter, als Organisationstalent und Mitherausgeber des Wielandschen „Teutschen Merkur", als guter Botaniker und passionierter Gärtner, als Parkgestalter und als Verleger trat dieser ungemein agile und ideenstrotzende Mann in Erscheinung, der in einer „Zeitgenossenschaft der Fleißigen" (H. Meyer) zu den Fleißigsten zählte. 1796 löste er sich, nicht ohne gegenseitigen Ärger und Verdruß, aus den Diensten seines Fürsten, um den eigenen Geschäften zu leben. Die liefen gut und besser; vor allem das von ihm 1791 geschaffene „Landes-Industrie-Comptoir" warf zunehmend erstaunliche Gewinne ab, so daß der Freimaurer Bertuch bald zu den Weimarer Höchstverdienern gehörte, der als einziger Unternehmer im spätfeudalen Provinznest kapitalistischen Produktionsformen nach- und zustrebte. Im 1777 erworbenen „Fürstlichen Baumgarten" (eingetauscht gegen den Besitz des vom Herzog für Goethe gewünschten Gartens am Stern), der vor dem Erfurter Tor lag und durch weitere Grundstücke erweitert wurde, baute Bertuch ab 1780 in über zwei Jahrzehnten sein klassizistisches Funktional- und Wohnhaus aus, das dann als das prächtigste des bürgerlichen Weimar galt.

Eine „Fabrik" für Kunstblumen und ein Vertrieb von keramischen Weimar-Souvenirs entstanden, schließlich ein weitverzweigtes Presse-Imperium. Das „Geographische Institut" gab kostbare Kartenwerke heraus, die „Allgemeine Literaturzeitung" wuchs zu einer geistigen Macht in Deutschland heran, das reich bebilderte „Journal des Luxus und der Moden" avancierte zur Pflichtlektüre der gebildeten Damenwelt und überflügelte seine französischen Vorbilder in der Aktualität und Auflagenhöhe; Kalender, Magazine, Zeitschriften, vorbildliche Kinderbücher – um nur einiges zu nennen – folgten. Im Garten hinter seinem Haus ließ der Vielbeneidete sein eigenes Familien- und Erbbegräbnis einrichten, wo er im April 1822 beigesetzt wurde.

RUHESTÄTTE BERTUCH IM
WEIMARHALLEN-PARK,
EHEMALS FÜRSTLICHER
BAUMGARTEN

16. DIE FÜRSTENGRUFT MIT DEN „DICHTER-FÜRSTEN"

Auf dem „Neuen Friedhof" vor dem Frauentor, der im Jahre 1818 eingeweiht wurde, ließ Großherzog Carl August in den Jahren 1824 bis 1825 eine Gruft für seine Familie erbauen. Die Pläne für das schöne klassizistische Bauwerk schuf Clemens Wenzeslaus Coudray. Einem quadratischen, mit Zeltdach und achteckiger Laterne versehenen Baukörper lagerte er an der Vorderfront einen dorischen Portikus vor, durch den man den festlichen, für Gottesdienste geeigneten Innenraum betritt. Über eine Treppe kommt man in die eigentliche Gruft, die von vier massiven Säulen getragen wird. Bereits 1824 wurden die Särge aus der ehemaligen Schloßkirche in die Gruft überführt. Bis zur Novemberrevolution 1918 fanden hier insgesamt 40 fürstliche Personen ihre letzte Ruhestätte. Auf Wunsch Großherzog Carl Augusts wurden auch Schillers und Goethes Sarkophage – bis deren Familien anderes verfügten – in der Fürstengruft aufgestellt; aus der ursprünglichen Improvisation wurde die Dauerlösung. Die vom Erbauer Coudray vorgesehene Anordnung der fürstlichen Sarkophage wurde im 20. Jahrhundert verändert, was mit politischer Instrumentalisierung der bürgerlichen Dichter in Abgrenzung zur Fürstenfamilie zu tun hatte. Auch die zeitweise Umbenennung in „Goethe- und Schiller-Gruft" hing damit zusammen. Im Zuge einer umfangreichen Gebäudesanierung und notwendiger Sargrestaurierungen wurde 1994 die originale Aufstellung der Särge im Coudrayschen Sinne wieder hergestellt. Soweit wie möglich erhielt auch der obere Innenraum seinen Charakter als kirchliches Refugium zurück.

17. Im Banne des Genies

„Und so sind drei große Bedürfnisse in mir lebendig: Mein Wissen zu vermehren, meine Existenz zu verbessern, und, daß beides möglich sei, vor allen Dingen etwas zu tun." Unter diesem Credo Johann Peter Eckermanns stand die Ausstellung, die in Weimar anläßlich seines 200. Geburtstages 1992 veranstaltet wurde. Nicht nur dort wurde der Widersprüchlichkeit im Leben des geborenen Hütejungen und Hausierersohnes aus Winsen an der Luhe nachgegangen. Im Grunde schwankt das Charakterbild dieses letzten und bekanntesten Adlatus des großen Alten vom Frauenplan, seit Eckermanns Hauptwerk erschienen war: die „Gespräche mit Goethe in den letzten Jahren seines Lebens". Heinrich Heine verdammte den Autor als einen der schlimmsten Goethe-„Apologisten": „Die meisten derselben haben in ihrem Eifer noch größere Torheiten hervorgebracht. Auf der Grenze des Lächerlichen steht in dieser Hinsicht einer, namens Herr Eckermann, dem es übrigens nicht an Geist fehlt". Friedrich Nietzsche dagegen erhob die Gespräche zum „besten deutschen Buche, das es gibt". Die Wahrheit dürfte dazwischen liegen. Eckermanns Leben in Weimar, im Dienste Goethes, unter schmerzlichem Verzicht auf eigenes, persönliches Glück, ist nicht frei von Tragik gewesen. Sein Anteil am Zustandekommen beziehungsweise an der Beendigung verschiedener Alterswerke Goethes, auch und vor allem der „Faust"-Dichtung, ist nicht zu leugnen. Daß in den „Gesprächen" nicht Goethe selbst, sondern der Schriftsteller Eckermann „seinen" Goethe sprechen läßt, ist allzuoft vergessen worden, was die Authentizität von Einzelfakten keineswegs in Frage stellt. Johann Peter Eckermann gehört mittlerweile zur Goethe-Legende. Daß sein Sohn Karl ein bekannter Maler geworden ist, wird davon überlagert.

18. DIE WARTENDE BRAUT

Johanne Bertram, der Tochter eines Hannoveraner Kaufmanns, war das Unglück beschieden, in Johann Peter Eckermann den Mann ihres Lebens zu finden. 1819 bereits hatte sie sich dem jungen Winsener anverlobt; zwölf quälend lange Jahre folgten, ehe 1831 die schon beinahe makabre Trennung vom Verlobten durch die Heirat beendet und eine gemeinsame Wohnung in Weimar bezogen werden konnte.

Eckermann, von Goethe weidlich für seine schriftstellerischen und editorischen Vorhaben als willfähriger Handlanger eingesetzt und ausgenutzt, hatte kein gesichertes Einkommen; entsprechend bescheiden, ja ärmlich mußte sich der neugegründete Hausstand ausnehmen. Es ist eine der menschlich unerklärlichen, sogar verurteilenswerten Haltungen des alten Goethe, daß er den treuesten Mitarbeiter in seinen letzten Jahren finanziell nicht besser stellte. Gänzlich unsympathisch erscheint der große Alte vom Frauenplan angesichts der Tatsache, daß er von dem neuen Ehestande seines Adoranten und Faktotums in geradezu beleidigender Weise keinerlei Notiz nahm, was auch andererseits Eckermanns Stolz und Selbstwertgefühl kein gutes Zeugnis ausstellt. Johanne Eckermann wurde 1834 von ihrem Sohn Karl entbunden, der später ein bekannter Landschaftsmaler werden sollte. Die Mutter freilich starb einen Monat nach der Entbindung; wahrlich ein traurig-tragisches Frauenschicksal der „klassischen" Zeit! Auch solche Töne gehören zum bunten Bild des „klassischen" Weimar. Es will wie ein Wink des Schicksals scheinen, daß die Inschrift der gußeisernen Tafel kaum noch leserlich ist.

GRAB DER JOHANNE
ECKERMANN
NORDÖSTLICH DER
FÜRSTENGRUFT. DER TEXT
AUF DER GRABPLATTE
LAUTET: „DEM ANDENKEN
MEINER INNIG GELIEBTEN
NACH ZU KURZEM GLÜCK
IN IHREM 32. JAHRE MIR
ENTRISSENEN GATTIN
JOHANNA ECKERMANN".

19. Der Schauspielerfriedhof mit dem Euphrosyne-Denkmal

Das Grabfeld der Marie-Seebach-Stiftung, direkt hinter der „Russisch-orthodoxen Kapelle" gelegen, ist ein Ehrenfriedhof für ehemalige Schauspieler und Bühnenkünstler. 1950 wurde hier das originale Sandsteindenkmal aufgestellt, das der Gothaer Bildhauer Friedrich Wilhelm Eugen Döll nach Entwürfen von Johann Heinrich Meyer geschaffen hatte. Auf Anregung Goethes, Kirms' u. a. erinnert der Stein an „Euphrosynen", womit die jungverstorbene Schauspielerin Christiane Becker-Neumann verherrlicht wurde. Vier tanzende Horen, Tierkreiszeichen und vier Masken auf der Säule, gekrönt von einem phallischen Pinienzapfen, spielen beziehungsreich auf das Leben der Bühnenkünstler an.

20. DER GESELLSCHAFTSFÄHIGE SCHAUSPIELER

Carl Ludwig Oels, der aus Berlin gebürtige Schauspieler, kam 1803 als Zweiunddreißigjähriger nach Weimar, wo er sich unter Goethes Anleitung neben Johann Jakob Graff zu dem namhaftesten und beliebtesten Akteur des Hoftheaters entwickelte. Zunächst meist jugendlicher Held und Komiker, übernahm er zunehmend schwierigere Charakterrollen, so z.B. die des „Egmont" und des „Clavigo", sowie die des Alfons in der Uraufführung des „Torquato Tasso" 1807. In Schillerschen Stücken stand er beispielsweise erfolgreich in der Rolle des Max Piccolomini auf der Bühne. Später wurde er von Goethe auch mit Regieaufgaben bedacht. Stets galt er als gelehriger Schüler des Goetheschen Darstellungsstils. Oels zählte vorzüglich zu den Schauspielern, die der berühmte Dichter nicht allein künstlerisch förderte, sondern deren äußeres, beruflich-gesellschaftliches Ansehen er gezielt zu heben suchte. Gegenüber Eckermann äußerte er am 22. März 1825, kurz nach dem Theaterbrand, der das traditionsreiche Haus völlig vernichtet hatte, daß er, Goethe, „die Besten und Hoffnungsvollsten" in seine Kreise zog „und dadurch der Welt zeigte, daß ich sie eines geselligen Verkehrs mit mir wert achtete". Das Beispiel machte Schule in der kleinen Weimarer Gesellschaft. „Durch alles mußte für sie eine große innere wie äußere Kultur hervorgehen. Meine Schüler Wolff in Berlin sowie unser Durand sind heute von dem feinsten geselligen Takt. Herr Oels und Graff", konstatierte Goethe nicht ohne Stolz, „haben hinreichend höhere Bildung, um der besten Gesellschaft Ehre zu machen."

21. SCHAUSPIELER AUS BERUFUNG

Anton Genast und sein Sohn Eduard gehörten zu den herausragendsten Schauspielern des Weimarer Hoftheaters. Als Goethe 1817 infolge einer Intrige von der Leitung der Theatergeschäfte zurücktrat, folgte ihm darin demonstrativ Anton Genast. Eduard, der zunächst nach dem väterlichen Willen eine Konditorlehre absolvieren mußte, trat dann in die Spuren seines Vaters und war als Schauspieler, Sänger und Komponist, zunächst in Weimar, danach an den Theatern von Dresden, Hannover, Prag, Leipzig und Magdeburg tätig. 1829 kehrte er nach Weimar zurück und erhielt schließlich eine lebenslange Anstellung an der heimatlichen Hofbühne. Aufgrund seiner Vielseitigkeit und seines virtuosen Talents avancierte er zum bedeutendsten Sänger-Schauspieler der Weimarer Theatergeschichte des 19. Jahrhunderts. Seine Memoiren „Aus dem Tagebuch eines alten Schauspielers", in Leipzig 1861/66 erschienen, enthielten auch die Erinnerungen des Vaters. Eduards Sohn Wilhelm studierte Rechtswissenschaft und ließ sich ab 1852 als Staatsanwalt in Weimar nieder. Als Nationalliberaler gehörte Wilhelm Genast dem deutschen Reichstag an, wo er sich durch seinen Kampf um die Abschaffung der Todesstrafe namhaft machte. Seine Dramen und Romane, die er nebenher verfaßte, sind heute vergessen.

22. LITERAT IN SCHWAGERS DIENSTEN

Der Schwager Goethes, Christian August Vulpius, war Bühnendichter, Romanschriftsteller, Bibliothekar und Numismatiker in Weimar. Goethe setzte den agilen, fleißigen Mann in der praktischen Theaterarbeit ein, brachte ihn bei der herzoglichen Bibliothek unter, übergab ihm die Verwaltung der Münzsammlung und tat im übrigen alles, um die materielle Situation der Familie, die über ärmliche Verhältnisse selten hinauskam, zu verbessern. Bekannt wurde Vulpius vor allem als Verfasser von modischen Abenteuer- und Trivialromanen, unter denen die Räubergeschichte vom „Rinaldo Rinaldini" einen bleibenden Ruf errang. Die Aufnahme seines Grabkreuzes ist inzwischen dokumentarisch: Zu Beginn der 90er Jahre wurde das für die Gräber des „Historischen Friedhofs" so typische schlichte, schmiedeeiserne Kreuz mit emaillierter Namenstafel entwendet.

23. DES DICHTERS HAUSKAPELL-MEISTER

Goethes Hauskapelle wurde in seinen letzten drei Lebensjahrzehnten von Carl Eberwein geleitet, der sich als vielseitiger Instrumentalist auszeichnete. Eine intensive Schulung bei Goethes Berliner Freund Zelter setzte Eberwein in die Lage, sich der Aufgaben bei der Hausmusik mit Bravour zu entledigen. Die Musikstücke und Melodien erklangen vor geladenen Gästen sonntags in den offiziellen Räumen des Vorderhauses am Frauenplan, sicher auch zur Freude der lauschend Vorübergehenden, während die Proben wochentags in den Privaträumen, zum Beispiel denen Christianes, stattfanden. Auch an ihnen nahm Goethe häufig und gern teil. Carl Eberwein heiratete 1812 Henriette Häßler, die als oft gehörte Sängerin am Weimarer Theater zu dessen herausragenden Stimmen im Opernfach gehörte. Auch sie übernahm in des Dichters Hauskapelle manchen Part.

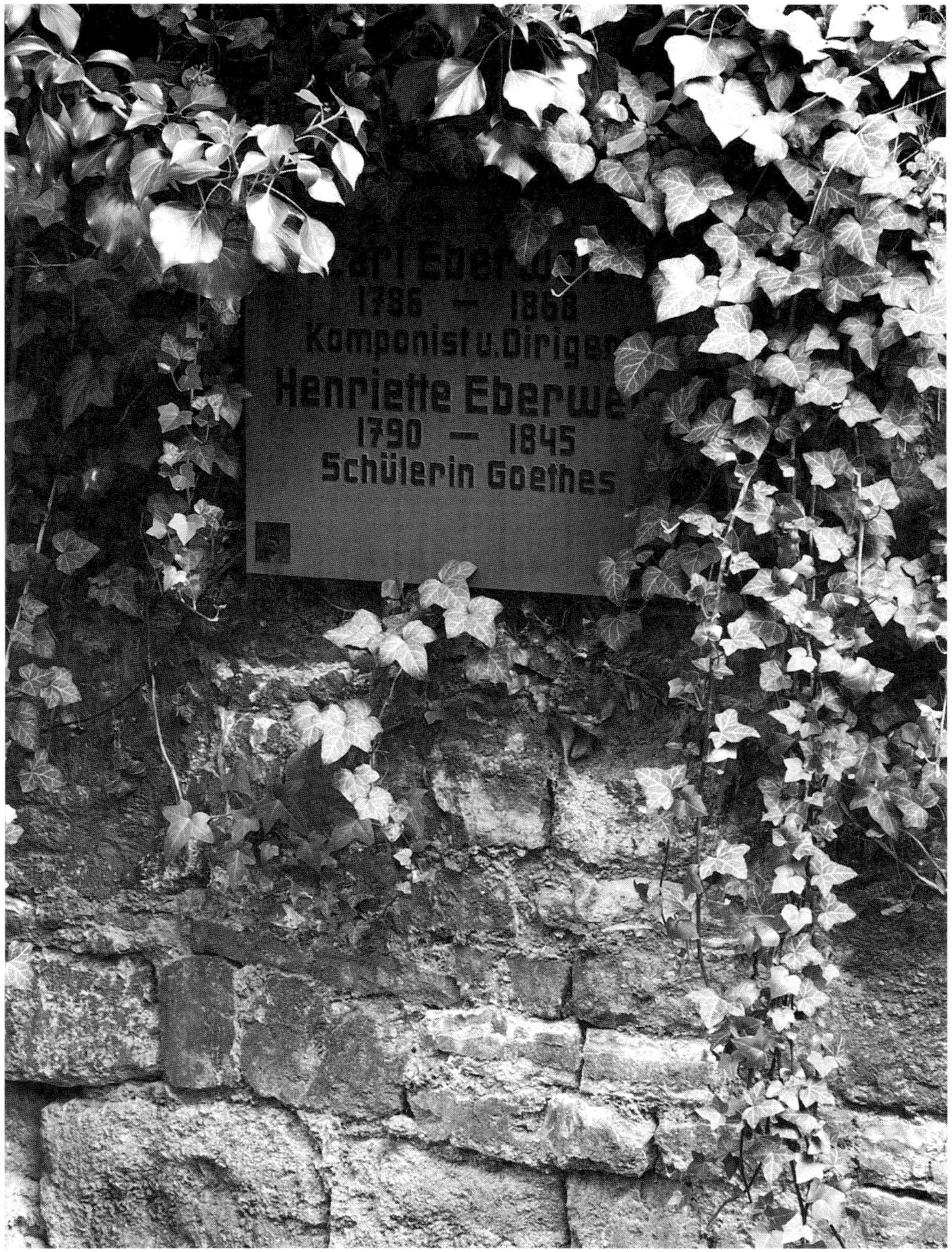

Gedenktafel für die Eberweins

24. Theater-ökonom und liebenswerter Sonderling

Seit dem Anfang des 18. Jahrhunderts besaß die alteingesessene Weimarer Beamtenfamilie Kirms ein schon in der Renaissance entstandenes Gebäude, das damit zu den ältesten Weimars gehört. In klassischen und nachklassischen Zeiten zählte es zu den geselligen Treffpunkten der gebildeten Zirkel der Residenz. Die Brüder Carl und Franz Kirms, fast gleichaltrig mit Goethe, rechneten zu den stadtbekannten Beamten im „klassischen" Weimar. Franz, der jüngere, als Mitglied des Hofmarschallamtes schon früh u. a. mit der Theaterökonomie betraut, wurde in der Zeit der künstlerischen Leitung des Hoftheaters durch Goethe dessen Finanzpartner. Kirms' wirtschaftlichem Geschick und seinem menschlichen Takt verdankte es Goethe in entscheidendem Maße, daß das Weimarer Theater mit geringen herzoglichen Zuschüssen und unzureichenden Einnahmen neue Schauspieler gewinnen und halten konnte und um 1800 als eine der führenden Spielstätten Deutschlands galt. Kanzler von Müller hielt am 16. März 1824, als Franz Kirms pensioniert wurde, in seinem Tagebuch die Worte Goethes fest: „Kirms hat sich in einer Zeit Verdienste erworben, wo es noch galt zu sparen, mit wenigem viel zu machen. Ich hatte keinen Heller für meine Direktion, ich wendete noch viel Geld daran, die Akteurs herauszufüttern, und genoß das Vorrecht eines Souveräns, generös zu sein ohne Vernunft."

ERBBEGRÄBNIS
KIRMS-KRACKOW
AN DER
WESTMAUER DES
HISTORISCHEN
FRIEDHOFS

25. Ein schriftstellernder herzoglicher Leib- und Hofkoch

François-René Le Goullon nahm als Zwanzigjähriger die Berufung zum Herzoglich-Sächsisch-Weimarischen Mundkoch bei der Regentin Anna Amalia an. 1787 heiratete er in Weimar die Tochter des lombardischen Weinhändlers Ortelli, der sich seinerseits in der Residenz verehelicht hatte. Der französische Mundkoch und die italienische Wein- und Spezialitätenhandlung waren fortan als „exotische" Einsprengsel in der grauen Weimarer Alltagswelt nicht mehr wegzudenken. Le Goullon eröffnete nach dem Tode seiner Dienstherrin das „Hotel de Saxe", eine Speisewirtschaft, die sich im alten, nach ihren ehemaligen Besitzern „Schwarzburger Hof" benannten Renaissancebau schräg gegenüber der Stadtkirche befand. Der Gastwirt und Feinschmecker gab 1809, 1821 und 1829 drei gastronomische Fachbücher heraus, die seinen Ruf weit über die Grenzen der Residenz hinaus verbreiteten. Dergestalt zum ruhmreichen Ahnherrn der Weimarer Köche geworden, hat sich die feste Tradition unter den nachgeborenen Berufskollegen herausgebildet, anläßlich des Todestages von René Le Goullon am 20. August an seinem Grabe Blumen niederzulegen. Aus der zahlreichen Kinderschar des Hofkochs gingen u.a. ein stadtbekannter homöopathischer Arzt, Heinrich Conrad Ludwig le Goullon, und eine Schriftstellerin, Johanna Le Goullon, hervor.

GRAB VON
RENÉ LE GOULLON
NORDÖSTLICH VOR
DER FÜRSTENGRUFT
AUF DEM
HISTORISCHEN
FRIEDHOF

26. SATIRIKER UND SOZIALERZIEHER VON WELTRUF

Johann Daniel Falk, seit 1792 in Weimar und in der Folgezeit zunehmend als satirischer Schriftsteller tätig, schlüpfte nach 1806 zunächst in die Rolle des Dolmetschers des französischen Stadtkommandanten und wurde dann Geheimsekretär des französischen Generalintendanten. In dieser schwierigen Vermittlerrolle zwischen der geldeintreibenden Besatzungsmacht und der gebeutelten Stadtbevölkerung sah Falk seine vornehmste Aufgabe bis 1813. In diesem Jahr traf ihn ein unerbittliches Schicksal, als durch Krieg und Not eingeschleppte Seuchen vier seiner Kinder hinwegrafften. Das schockierende Erlebnis wendete sein Leben: Falk gründete die „Gesellschaft der Freunde in der Not" und widmete sein weiteres Leben, unter teilweise großen persönlichen Opfern, der Fürsorge, beruflichen Ausbildung und menschlichen Einbindung verwilderter oder verwaister Kinder und Jugendlicher. Diese seine humanistische Tätigkeit führte ihn in die vorderste Reihe der bedeutendsten Sozialpädagogen im 19. Jahrhundert, deren Vorbild in ganz Europa wirkte. Das „Falksche Institut", das unter gewaltigen finanziellen Anstrengungen – die manchmal an Wunder grenzten – teilweise bis zu 400 Kinder betreute, wurde zum Musterinstitut nachfolgender Fürsorgeeinrichtungen. Falk kann im weiteren Sinne zum Goethe-Kreis gerechnet werden, auch wenn er sich eher in einem pulsierenden Verhältnis der Annäherung und Entfremdung zu jenem Zirkel befand. Mit seinem Leben und Wirken trug er eine wichtige Facette zum Phänomen des „klassischen Weimar" bei.

27. TREUER WEIMARISCHER HOFADEL

In der Familie Conta – die Hugenotten waren und nach Deutschland eingewandert – trat besonders der Jurist Carl Friedrich Anton von Conta hervor. Als Beamter in Sachsen-Weimarischen Diensten seit 1805, stieg er beharrlich in der Hierarchie des Staates nach oben. Im Jahre 1845 war er schließlich auf dem Präsidentenstuhl der Landesdirektion angelangt. Im Zusammenhang mit Fragen der Universität Jena kam er auch mit dem alten Goethe in Kontakt, der ihn in den zwanziger Jahren in seinen Kreis zog.

28. VERLÄSSLICHE BÜRGERLICHE BEAMTE

Aus dem Eisenacher Landesteil stammend, gehörte die Familie Thon zur festen Beamtenschaft des Großherzogtums Sachsen-Weimar-Eisenach. Gustav Thon war Mitglied des Staatsministeriums und Chef des Finanzdepartements. Er trat für die Verbesserung des Sozialwesens, für Freihandel und darüber hinaus für die Einheit des Deutschen Reiches ein. Anläßlich seines 50jährigen Dienstjubiläums 1876 erhielt er die Ehrenbürgerwürde Weimars.

Sixtus Thon studierte Malerei in Leipzig und wurde dann Schüler Friedrich Prellers d. Ä., mit dem er zahlreiche Studienreisen unternahm. Ab 1861 war er als Lehrer an der „Freien Zeichenschule" in Weimar angestellt. Der Legationssekretär Ottokar Thon heiratete Therese Kirsten, die Schwester der Marie Kirsten. Beide Töchter des Weimarer Ratsherrn Johann Gottfried Kirsten wurden durch die „Ratsmädel-Geschichten" populär, die die Schriftstellerin Helene Böhlau, Tochter des bekannten Verlegers, verfaßt hatte.

29. Berühmte Mediziner im „Klassischen" Weimar

Unter den zahlreichen Ärzten, die Goethe im Laufe seines langen Lebens konsultierte, sind bedeutende, teils berühmte Namen zu finden. Christoph Wilhelm Hufeland, der Hofmedikus in Weimar und Professor in Jena, ist zweifellos der bekannteste. 1801 kam der Ruf nach Berlin; das Direktorat an der Charité sowie die Ernennung zum königlichen Leibarzt folgten.

Wilhelm Ernst Christian Huschke, seit 1792 Leibarzt der herzoglichen Familie in Weimar, steht in ärztlicher Hinsicht, als kundiger und erfahrener Praktiker, kaum zurück. Er behandelte Goethe während dessen schwerer Erkrankung im Jahr 1823. Wilhelm Rehbein, Johann Christian Stark, zuletzt Carl Vogel sind weiterhin zu nennen. Wilhelm Ernst Christian Huschke und sein Sohn Johann Friedrich Karl, beide Weimarer Ärzte und großherzogliche Leibärzte, waren namhafte Mediziner ihrer Zeit. Ersterer betreute als Hausarzt die Familien Herder, Wieland und Schiller.

ERBBEGRÄBNIS HUSCHKE
AN DER OSTMAUER DES
HISTORISCHEN FRIEDHOFS

30. DIE SAGE UM ANNA DILLON

Miß Anna Dillon, Kammerfrau und Freundin der Großfürstin Maria Paulowna, starb am 5. März 1823; ihr Sarg wurde als 64. im Kassengewölbe auf dem Jakobsfriedhof beigesetzt. Während die Fürstengruft im Bau war, ließ ihr ihre Herrin auf dem neuen Gottesacker ein Ehrenmausoleum errichten, das in Richtung des Weges zur Fürstengruft gesetzt wurde. Die Umbettung der Anna Dillon erfolgte 1824. Die christlichen Gräber liegen in Ost-West-Richtung, dieses weicht jedoch von der Regel ab. Deshalb hielt sich hartnäckig die Volksmär, es sei dies die Strafe für einen Diebstahl, für den ein anderer bestraft worden war und der erst nach dem Tod der Kammerfrau entdeckt worden sei. Richtig ist dagegen, daß Anna Dillon, die zusammen mit ihrer Herrin aus St. Petersburg nach Weimar gekommen war, damit eine besonders ehrende Heraushebung widerfahren sollte.

31. DIE HOFDAME DER GROSSFÜRSTIN

Constanze Gräfin von Fritsch war Hofdame der Erbgroßherzogin Maria Paulowna. Sie tritt in Goethes Korrespondenz mehrfach als Überbringerin „höchst angenehmer Gaben" in Erscheinung. Als Hofdame aus dem Umfeld der russischen Zarentochter Maria Paulowna, der Frau des späteren Großherzogs Carl Friedrich, gehörte sie zum einflußreichsten Hof der Weimarer Adelsgesellschaft in der ersten Hälfte des 19. Jahrhunderts. Wie ihre Herrin der russisch-orthodoxen Konfession zugehörig, wurde sie in direkter Nähe, an der „Russisch-orthodoxen Kapelle", zur letzten Ruhe gebettet.

32. DIE MENTORIN DES GENIES

Im Auftrag der Goethe-Gesellschaft schuf Adolph Donndorf 1908 das Medaillon auf Charlotte von Stein. Als Vorlage diente ein Selbstporträt der Hofdame, das die etwas über Dreißigjährige mit Silberstift von sich fertigte. Charlotte von Steins eminent wichtige Rolle als Mentorin und Anregerin im Leben des jungen Goethe ist unbestritten und hat zahlreiche unverkennbare Spuren in seinem poetischen Werk hinterlassen. Tausende von Briefen und „Zettelgen" wechselten in zehnjähriger, ständig enger werdender Freundschaft und Nähe zwischen der verheirateten Hofdame und dem euphorischen Dichter. Erst die Italienreise 1786/88 und die darauf folgende Liaison des Zurückgekehrten mit Christiane Vulpius beendeten die jahrelange innige Seelenfreundschaft. Es dauerte Jahrzehnte, bis sich im Alter zwischen beiden eine neue, eine geläuterte Beziehung herausbildete, die teilnehmenden und freundschaftlichen Verkehr wieder ermöglichte. Charlotte von Steins Erinnerungstafel ziert das Schardtsche Erbbegräbnis, in dem auch Caritas Emilie Gräfin von Bernstorff, die Gattin des ehemaligen dänischen Außenministers, sowie Sophie von Schardt, die geistvolle Schwägerin der Charlotte, beigesetzt wurden. Das eigentliche Grab der Freundin Goethes mußte 1862 einem Mauerdurchbruch zum jenseitigen Friedhofsbereich weichen, weshalb der Donndorfische Gedenkstein an dieser Stelle plaziert wurde.

ERBBEGRÄBNIS SCHARDT
MIT GEDENKSTEIN FÜR
CHARLOTTE VON STEIN AN
DER WESTMAUER DES
HISTORISCHEN FRIEDHOFS

33. Der Testamentsvollstrecker Goethes

Friedrich Theodor Adam Heinrich von Müller, in der Weimarer Geschichte kurz als Kanzler von Müller bekannt, gehörte zum innersten Zirkel des alten Goethe und ging in dessen Haus am Frauenplan ein und aus. Von ameisenhafter Geschäftigkeit, vielseitig gebildet und interessiert, über einen großen Bekanntenkreis inner- und außerhalb Weimars verfügend, ebenso neugierig wie schwatzhaft, wurde er zu einem der wirbelndsten Kommunikationskreisel des „klassischen" Weimar. Reden, Feste, Jubiläen im Weimar jener Jahre sind undenkbar ohne den Kanzler von Müller. Durch seine Gewandtheit wußte er sich für Goethe beispielsweise im Theaterbereich, für Großherzog Carl August in der juristischen Verwaltungsarbeit des Staates Sachsen-Weimar-Eisenach unentbehrlich zu machen. Er stand Goethe bei der Abfassung der Testamente zur Seite, er wurde der Vollstrecker dieses letzten Willens und der führende Mitherausgeber des literarischen Nachlasses. Schon zu Lebzeiten Goethes nicht unumstritten, weil er, von neidvoll-mißgünstigen Blicken verfolgt, auf zahlreichen Hochzeiten zugleich zu tanzen imstande war, wurde er nach 1832 zur bestgehaßten Person für Goethes Nachfahren. Der Adlatus des Dahingegangenen hielt sich wort- und buchstabengetreu an dessen testamentarische Verfügungen. Schwiegertochter Ottilie sowie die Enkel Walther und Wolfgang warfen ihm deshalb voller Erbitterung vor, ihnen als Nachfahren des großen Dichters den Nießnutz ihres Erbes zu verknappen. In der Tat hatte sich Müller berechtigt geglaubt, z.B. den Arbeitszimmerbereich gegen Ottiliens Großzügigkeit im Schenken demonstrativ durch ein Vorhängeschloß zu sichern, eine drakonische Maßnahme, die ihm den glühenden Zorn der Ausgesperrten aufs Haupt zog. Erst nach Müllers Tod wurden seine Tagebücher unter dem Titel „Unterhaltungen mit Goethe" herausgegeben, heute eine der wichtigen Quellen zu den letzten Lebensjahren des Alten vom Frauenplan.

34. Der Herausgeber des literarischen Nachlasses

Der Philologe Friedrich Wilhelm Riemer reiste als Hofmeister bei der Familie Wilhelm von Humboldts mit nach Italien. Ein Jahr später, 1803, lernte ihn Goethe kennen und stellte ihn als Lehrer seines Sohnes August ein. Neun Jahre lang war Riemer fortan Hausgenosse am Frauenplan, dann zog er nahe dem Markt in eine eigene Wohnung. 1814 heiratete er die Gesellschafterin Christiane Goethes, Caroline Ulrich. Beider Sohn Bruno wuchs mit den Enkeln Goethes auf. Riemers größte Leistung blieb die enge Mitarbeit bei der Herausgabe der Werke des Dichters. Fast dreißig Jahre lang stand er seinem Meister als Korrektor, als grammatikalischer und sogar stilistischer Helfer und Famulus zur Seite. Mit Riemer als einzigem Mitarbeiter bereitete Goethe 1806/10 die Herausgabe der dreizehnbändigen Ausgabe, 1815/19 der zwanzigbändigen Ausgabe seiner Werke bei Cotta in Stuttgart vor. Mit Eckermann und Göttling gehörte Riemer zum Mitarbeiterstab der vierzigbändigen „Ausgabe letzter Hand", und Riemer war es auch, der nach Goethes Tod 1832 die Herausgabe des zwanzigbändigen Nachlasses maßgeblich mitbesorgte. 1841 erschienen seine „Mittheilungen über Goethe", die zu den wichtigen Aussagen über dessen späte Lebensjahre gehören. Riemer und Eckermann galten als die letzten überlebenden Paladine des alten Goethe, was ihnen den Spott und Hohn der jungdeutschen Dichtergeneration zuzog. Nach ihrem Tode 1845 bzw. 1854 blieb das Goethehaus für fast ein halbes Jahrhundert der Öffentlichkeit verschlossen.

GRAB FRIEDRICH
WILHELM RIEMERS AN DER
OSTMAUER DES
HISTORISCHEN FRIEDHOFS

35. Der Kunst-berater, zugleich Wohltäter der Armen

Johann Heinrich Meyer, der aus Stäfa stammende Kunsthistoriker und Maler, war bester Freund und Intimus Goethes. Im damaligen Weimar kannte man ihn unter dem liebevollen Spitznamen „Kunscht-Meyer". Seit 1791 Wahl-Weimarer, wurde der Schweizer für über vierzig Jahre Goethes wichtigster Berater in Kunstfragen. Menschlich blieb er der treueste Duz- und Altersfreund des Dichters. Als Maler und Dekorateur, als Direktor der „Freien Zeichenschule", als Schriftsteller und als einflußnehmender Kunstsammler hat Meyer zahlreiche Spuren in der Stadt hinterlassen. Er war es, der sich der kleinen Goetheschen Familie still zugesellte und Christianes zuverlässigster Beschützer und warmherzigster Freund wurde. Dies war umso wichtiger, als der Hausherr gerade in den ersten Jahren ihres Zusammenseins häufig abwesend war. 1802 verließ Meyer das Haus am Frauenplan und nahm eine eigene Wohnung. Im Januar 1803 heiratete er Amalie von Koppenfels. Die späte Ehe blieb kinderlos, der Besitz des anspruchslosen Ehepaars war beträchtlich. 1822 starb seine Frau, im Herbst 1832 schloß Meyer die Augen, seinem Freunde Goethe um etwa ein halbes Jahr nachfolgend. Sein Testament bestimmte nachgelassene Bücher und Manuskripte der Bibliothek, Kunstsachen den Museen; die 33 000 Taler Barbesitz aber vermachte er der „Armuth der Stadt" Weimar. Die somit gegründete „Meyer-Amalien-Stiftung" half zahlreichen verarmten Bürgern, die sich ärztlich-medizinischen Beistand und Pflege nicht hätten leisten können. Seit 1870 ist eine Straße nach diesem Wohltäter der Stadt benannt.

36. Der Baumeister des „klassischen" Weimar

„… welch ein trefflicher Geist und Charakter in dem Manne wohnt. Er hat anfänglich vielen Widerspruch erlitten, aber jetzt hat er sich durchgekämpft und genießt vollkommene Gunst und Vertrauen des Hofes. Coudray ist einer der geschicktesten Architekten unserer Zeit. Er hat sich zu mir gehalten und ich mich zu ihm, und es ist uns beiden von Nutzen gewesen. Hätte ich den vor fünfzig Jahren gehabt!" Unter dem 12. Februar 1829 überliefert Johann Peter Eckermann dieses hohe und uneingeschränkte Lob des alten Goethe, der durch seine jahrzehntelangen Architekturstudien mit Fug und Recht als Kenner der Materie anzusehen ist. Clemens Wenzeslaus Coudray, ein Baumeister, der „noch am kleinen und kleinsten Gegenstand den Geschmack der einfachen und noblen Linie praktizierte" (Effi Biedrzynski), gehörte nicht nur wie selbstverständlich zum elitären Kreis des alten Goethe, er prägte auch wesentlich das klassizistische Stadtbild der wachsenden Residenz Weimar. Einer französischen Künstlerfamilie entsprossen, beruflich gefördert durch eine Studienreise nach Italien, brachte Coudray europäisches Architekturdenken in die thüringische Kleinstadt, nachdem er 1816 als großherzoglicher Oberbaudirektor nach Sachsen-Weimar-Eisenach berufen worden war. Sein Wohnhaus, verschiedene Torhäuser, das Kulissenhaus am späteren Nationaltheater, die Bürgerschule und die Fassadengestaltung am Westflügel des Stadtschlosses, die Fürstengruft und die Neue Wache tragen seine Handschrift. Sie geben auch seinem künstlerischen Credo Ausdruck, „vollkommen zweckmäßig, das heißt fest, bequem, schön und dabei ohne Verschwendung" zu bauen. Der schlichte, feste Grabstein, auf dem wie nebenbei auch seine Zugehörigkeit zur Freimaurerei ausgewiesen ist, befindet sich nur wenige Schritte von der schlicht-feierlichen Fürstengruft entfernt. Mit ihr setzte er seinem Herrscher, Weimars Glanzzeit und sich selbst das schönste Denkmal.

37. Der Schriftgiesser und Buchillustrator

Johann Gebhard Justus Erich Walbaum, geborener Niedersachse, gelernter Kaufmann und Konditor, entwickelte als Autodidakt außerordentliche Fähigkeiten auf einem gänzlich anderen Gebiet. Als Formenstecher, Stempelschneider und Schriftgießer erwarb sich seine Goslarer Werkstatt ab 1796 einen solch guten Ruf, daß der Weimarer Unternehmer Bertuch auf ihn aufmerksam wurde und ihn an sein aufblühendes „Landes-Industrie-Comptoir" holte. Walbaums Schriften und Einfassungen für die Druckwerke Bertuchs ließen ihn und seine Arbeiten in ganz Europa bekannt werden. Besonders die nach ihm benannte klassizistische Antiqua-Schrift hält seinen Namen bis heute lebendig. Sein Sohn Theodor übernahm 1828 den Betrieb, starb aber bereits zwei Jahre später. Der alte Walbaum verkaufte daraufhin seine traditionsreiche Gießerei an den Leipziger Verleger Brockhaus. Das Weimarer Unternehmen bestand noch bis 1843, obwohl der Firmengründer bereits 1837 seine Augen geschlossen hatte.

38. DER BUCHDRUCKER UND KOMMUNAL-POLITIKER

Wie Walbaum wurde auch Adam Henß, der 1780 in Mainz geborene spätere Buchbindermeister, durch Bertuchs „Landes-Industrie-Comptoir" nach Weimar gelockt, wo er seit 1805 tätig war. Erst 1816 vermochte er die Bürgerschaft der Residenz zu erwerben, wurde aber in der Folge einer der größten Wohltäter seiner Wahlheimat, die im Jahre 1876 eine Straße nach ihm benannte. 1832 wählte man ihn zum Stadtverordneten, 1838 und 1844 zum Stadtältesten, 1840 bis 1852 schließlich zum Landtagsabgeordneten, dessen verdienstvolle Hauptwirksamkeit sich auf die sozialpolitische Entwicklung Weimars konzentrierte. Adam Henß band nicht nur, er verfaßte auch einige Bücher, unter denen sein Hauptwerk „Die Stadt Weimar, ihr Communwesen und ihre städtischen Institute" (1837) als eine der aussagekräftigsten Quellen zur Stadtgeschichte dieser Zeit gelten kann. Straßenreinigung und -beleuchtung, Abfall- und Fäkalienentsorgung, Brandschutz und Wasserversorgung, Straßenbau und Einwohnerpflichten – das waren einige der Fragen, die der engagierte Henß, nach gründlichem Aktenstudium, in ihrem historischen Werden untersuchte, zu denen er verbessernde Vorschläge einbrachte. All dies geschah mit dem Ziel, die kommunalen Lebensbedingungen Weimars auf ein modernes, d. h. dem 19. Jahrhundert gemäßes Niveau anzuheben. In der Revolution von 1848/49 vertrat Henß die politische Zielsetzung einer konstitutionellen Monarchie. Ihm ging es bei seinem Tun zeitlebens nicht um abstrakte staatsrechtliche Fragen; der biedere Handwerksmeister, der mit beiden Beinen fest im Leben stand, wollte stets das alltägliche Leben seiner Mitbürger in der Stadt verbessern.

Hier ruhen in Gott

Adam Henß

Buchbindermeister
geb. 8. März 1780 in Mainz
gest. 4. Jan. 1856 in Weimar

Paul Henß

Fabrikbesitzer
geb. 20. Jan. 1880 in Weimar
gest. 24. Jan. 1901 in Hennen

Margarete Henß

geb. Röblitz
geb. 8. April 1896 in Weimar
gest. 2. Feb. 1979 in Iserlohn

in memoriam

Georg Henß

techn. Kaufmann
geb. 12. Aug. 1918 in Weimar
vermißt am 2. Mai 1945
in Demerthin/Ostpreußen

39. Schüler Mozarts und Vorgänger Liszts

Von Mozart zwei Jahre lang ausgebildet, später im freundschaftlichen Verhältnis zu Beethoven stehend, war Johann Nepomuk Hummel als Komponist und reisender Klaviervirtuose schon früh zu Ruhm und materiellem Wohlstand gekommen. Der geborene Preßburger lebte zunächst in Eisenstadt und Wien, ab 1816 in Stuttgart. Drei Jahre später berief ihn Großherzog Carl August als Hofkapellmeister nach Weimar, was nur möglich war, weil Großfürstin Maria Paulowna den europaweit gefeierten Musiker aus ihrer Privatschatulle finanzierte. Hummels Tätigkeit kam nicht nur der fürstlichen Familie zugute. Er gab dem Weimarer Musikleben nach Bach neue, kräftige Impulse und bereicherte so das künstlerische Leben in Weimar im ersten Drittel des 19. Jahrhunderts insgesamt. Hummel, der als geizig galt, stiftete großherzig einen Pensionsfonds für die Mitglieder seiner Hofkapelle und wurde dadurch ein geistiger Vorgänger der Marie Seebach. Eckermann gegenüber verglich Goethe den Hofkapellmeister Hummel sogar mit Napoleon. Unter dem 7. April 1829 verzeichnet Eckermann Goethes Urteil, dieser „behandelte die Welt wie Hummel seinen Flügel". Napoleon „war immer in seinem Element und jedem Augenblick und jedem Zustande gewachsen, so wie es Hummeln gleichviel ist, ob er ein Adagio oder ein Allegro, ob er im Baß oder im Diskant spielt. Das ist die Fazilität, die sich überall findet, wo ein wirkliches Talent vorhanden ist, in Künsten des Friedens wie des Krieges, am Klavier wie hinter Kanonen." Hummels Sohn heiratete später eine Tochter Coudrays.

40. DIE NACHKOMMEN GOETHES

Eingefaßt von einem schmiedeeisernen Gitter, beherrscht die liegende Plastik eines jungen Mädchens die Ruhestätte der Familie Goethe. Diese liegende Figur schuf Jens Adolf Jerichau in Wien, für den Kopf als Vorbild die Totenmaske der Alma von Goethe aus dem Jahre 1844 verwendend. In diesem Jahr war die zarte, sensible Enkelin des Dichters, gerade siebzehnjährig, in Wien am Typhus gestorben. Das Monument blieb nach der Überführung der sterblichen Reste Almas noch jahrelang verpackt im Goethehaus stehen; erst seit dem Sommer 1910 schmückt der Stein das Familiengrab auf dem Friedhof. Hier wurden auch die unglücklichen Enkel Walther und Wolfgang beigesetzt, die, am Großvater gemessen, immer für zu leicht befunden wurden und so ihre künstlerische und menschliche Existenz mühselig durchs Leben geschleppt hatten. Auch Goethes Schwiegertochter Ottilie, die nach dem Tode von Mann und „Vater" wie ein Irrlicht durch ganz Europa gegeistert war, stets auf rastlos-rettungsloser Suche nach Liebe und Erfüllung, wurde hier zur letzten Ruhe gebettet. Selbst die treue Dienerin Auguste Bachstein fand in diesem Familiengrab ihren Frieden. Das schlimme Schicksal des „Tantalidengeschlechts", der Untergang der Goetheschen Sippe, nachdem in und mit Johann Wolfgang ein titanenhafter Höhepunkt erreicht war, spiegelt sich an dieser Grabstätte wider. Der Dichter selbst liegt, unweit nur und doch so fern, in der „Fürstengruft". Der unglückliche Sohn August ruht weit entfernt, nahe der Cestius-Pyramide in Rom. Die Frau Christiane, deren Grab jahrzehntelang vergessen und verschollen war, hat ihre letzte Ruhestätte auf dem Jakobsfriedhof gefunden. Hier aber liegen, früh dahingerafft oder kinderlos dahinwelkend, die letzten Glieder des Geschlechts, erdrückt und erlegen unter der gewaltigen Last des großväterlichen Ruhms und dieses Namens.

41. DIE NACHKOMMEN HERDERS

Aus der Ehe Johann Gottfried Herders mit Maria Caroline, geborene Flachsland, gingen insgesamt acht Kinder hervor: sieben Söhne und eine Tochter. Die Ausbildung der Söhne war angesichts permanenter Geldnot im Hause Herder eines der schwierigsten Probleme, das, trotz großzügiger Hilfe Carl Augusts, durch teils ungeschickte, teils taktlose Forderungen der Mutter Caroline zu empfindlichen Verstimmungen führte, in die auch Goethe – als helfender Vermittler – mehrfach einbezogen wurde. Dessen ungeachtet sind die herderischen Kinder und Enkel tüchtige Menschen geworden. Der erste Sohn Herders, Wilhelm Gottfried, wurde Arzt und weimarischer Hofmedikus; er starb 1806, in einer Epidemie angesteckt. Dessen Töchter Maria und Natalie sind auf dem Aulhorn-Herderschen Familiengrab beigesetzt. Agnes von Herder, die den Weimarer Rat Aulhorn geheiratet hatte, verknüpfte beider Familiengräber. Herders zweiter Sohn, Sigismund August Wolfgang, wurde sächsischer Oberberghauptmann, höchster Montanbeamter im Königreich Sachsen, ein anderer Sohn wurde Forstbeamter, ein weiterer Landwirt.

Die gelungene Aufnahme des Fotografen hebt das Motto des großen Vaters bzw. Großvaters hervor: „Licht. Liebe. Leben." Herders Original-Petschaft mit diesen programmatischen Worten, umschlossen von einer Schlange als Symbol für die Ewigkeit, ist noch heute im Goethe-Nationalmuseum erhalten.

42. Die Nachkommen Wielands

Im Jahre 1765 heiratete in Biberach der 32jährige Christoph Martin Wieland die aus Augsburg stammende 19jährige Anna Dorothea von Hillenbrand. Die stille, bescheidene, immer im Hintergrund bleibende rastlose Frau und Mutter gebar ihrem Mann 14 Kinder. Die Liebe zur Gattin, zum „Dorettchen", die Erfüllung und Zufriedenheit im Kreise der großen Familie bildeten lebenslang den sicheren Hort, in den sich der sensible Wieland vor dem lärmigen Getriebe einer immer unvollkommenen Welt zurückziehen konnte. Nur der 1777 geborene Sohn Ludwig Friedrich August trat in die Fußtapfen des Vaters und verschrieb sich der Schriftstellerei. Er wetteiferte 1801/02 in Bern mit Kleist und Heinrich Zschokke zum Thema „Der zerbrochene Krug", wozu er eine Satire schrieb. Nach 1815 zählte Ludwig Wieland zu den linksliberalen oppositionellen Publizisten in Jena; er gab die kurzlebigen militanten Blätter „Der Patriot" und „Der Volksfreund" heraus. Bereits 1819 starb er. Wielands andere Kinder lebten eher bescheidene bürgerliche Existenzen: die erste, 1768 geborene Tochter Sophie Katharina Susanna heiratete den Jenaer Universitätslehrer und Philosophen Karl Leonhard Reinhold, die zweite Tochter Caroline Maria Friederike ehelichte den Diakonus der Jenenser Stadtkirche, Johann Salomo Gottlieb Schorcht, eine weitere den Oßmannstedter Pfarrer August Jakob Liebeskind, die fünfte schließlich, Juliane Friederike Caroline Dorothea, 1792 geboren, den Juristen und späteren Weimarer Kammerpräsidenten Carl Wilhelm Constantin Stichling. Carl Wieland schlug den beruflichen Weg eines Weimarer Verwaltungsbeamten ein. Bis zum heutigen Tage gibt es Nachfahren der weitverzweigten Wielandschen Familie.

43. Verwandt mit Wieland und Herder

Carl Wilhelm Constantin Stichling, Jurist und Verwaltungsbeamter, zuletzt Kammerpräsident in Weimar, heiratete in erster Ehe Juliane Friederike Caroline Dorothea Wieland, dann in zweiter Ehe Luise Emilie Theodora von Herder. Dergestalt gleich mit zwei der berühmten Weimarer Dichter verwandt, gehörte er, meist zurückgezogen und bescheiden Anteil nehmend, zu den schöngeistigen Kreisen Weimars; im Grund war er ein rechtschaffener, trockener Steuerbeamter. Die Anfangsbuchstaben des Namens einer Weimarer Herzogin am „Gelben Schloß" – C D S D S L H H – deutete der Volksmund auf ihn um: Weil sich dort zeitweilig die Kammer, die Steuereinnahme, befand, wurden die Initialen aufgelöst in „Carl Du Solltest Deine Steuern Längst Hier Haben". Auch andere, zotige Auflösungen sind überliefert, kein Wunder bei einem Steuerbeamten. Goethe nutzte Stichlings Autorität und dienstlichen Rang gern, um den Verkauf seines unwirtschaftlichen Oberroßlaer Gutes im Jahre 1803 anzubahnen. In der bedeutenden und vielköpfigen Weimarer Familie der Stichlings ragt der Staatsminister Gottfried Theodor Stichling hervor, der von 1882 bis 1890 an der Spitze des Weimarer Staatsministeriums stand. Er, der Enkel Herders und vierfacher Doktor, der zugleich das Kultusministerium innehatte, beeinflußte durch seine politische Tätigkeit, durch sein reiches publizistisches Schaffen maßgeblich das kulturelle Leben Weimars im sogenannten Silbernen Zeitalter. Er gehörte 1885 zu den Mitbegründern der internationalen Goethe-Gesellschaft. Einige der in dem Familiengrab beigesetzten Personen wurden noch auf dem Jakobsfriedhof beerdigt und erst nach 1825 auf den „Neuen Friedhof" umgebettet.

44. DER HOF-KUPFERSTECHER

Der Stecher Carl August Schwerdgeburth war einer der zahlreichen Künstler, die durch Bertuchs „Landes-Industrie-Comptoir" nach Weimar gezogen wurden. Als Zeichner, Stahl- und Kupferstecher gehörte er nach 1805 zum Kreis der dienstbaren Geister um Goethe und erfreute sich dessen intensiver und hilfreicher Förderung. Später weitverbreitete Stiche zum Leben des Großherzogs Carl August z.B. gehen auf Schwerdgeburth zurück. 1822 kam die Ernennung zum Hofkupferstecher; seit 1839 wirkte er als Lehrer an der „Freien Zeichenschule".

45. DIE HOF-MALERIN

Goethe war es, der schon früh bei der Heranwachsenden Louise Seidler ein beachtliches Mal- und Zeichentalent erkannte und in der Folge dazu beitrug, ihre künstlerische Aus- und Weiterbildung gezielt voranzutreiben. In Gotha stand dazu der Bildhauer Döll zur Verfügung, in Dresden waren es zwei so renommierte Lehrer wie Vogel und Kügelgen, die auf sie einwirkten. Ihr Studiengenosse in Dresden war Caspar David Friedrich. Mit finanzieller Unterstützung des Weimarer Großherzogs konnte sie 1817 in München, von 1818 bis 1823 in Rom, Neapel und Florenz studieren. Mit einem kleinen Jahreseinkommen ließ sie sich anschließend in ihrer Heimatstadt Weimar nieder und wurde, immer von Goethe protegiert, Kustodin der Gemäldesammlung der „Freien Zeichenschule". Sie unterrichtete u.a. die Kinder des Fürstenhauses, darunter die spätere Kaiserin Augusta, und war daneben mit zahlreichen privaten Aufträgen befaßt. 1835 erfolgte die Ernennung zur Hofmalerin, 1843 erhielt sie die goldene Zivilverdienst-Medaille für Kunst und Wissenschaft. Louise Seidlers sympathische Persönlichkeit blieb für immer fest mit dem „nachklassischen Weimar" verbunden.

46. DIE HOF-MEDAILLEURIN

Die Tochter des Weimarer Medailleurs und Stempelschneiders Friedrich Wilhelm Facius wurde am Vorabend der Schlacht von Jena und Auerstedt geboren, weshalb sie den zweiten Vornamen Bellonata erhielt. Angelika Bellonata Facius trat später in die künstlerischen Fußtapfen ihres Vaters und wurde eine namhafte Stein- und Stempelschneiderin, Medailleurin und Bildhauerin. Von Goethe und Großherzog Carl August früh als Talent erkannt und nachhaltig gefördert, konnte sie schließlich in Berlin bei Christian Daniel Rauch studieren. Zu ihren Mitschülern zählten die später berühmten Bildhauer Ernst Rietschel und Johann Friedrich Drake. In der Berliner Prägeanstalt Loos vervollkommnete sie unter Anleitung von Friedrich Anton König ihre Fähigkeiten im Stempelschnitt. Ab 1835 wieder in Weimar ansässig, schuf sie zahlreiche Medaillen und Medaillons auf Ereignisse und Persönlichkeiten ihrer Vaterstadt. Im Erbbegräbnis wurde sie gemeinsam mit Eltern und Schwester beigesetzt.

47. Die Schwester von Werthers Lotte

Wer als Uneingeweihter vor dem schlichten Erbbegräbnis Ridel steht, wird nicht ahnen, daß er eintaucht in die Aura deutscher Literaturgeschichte. Jene am 10. Juni 1765 zu Wetzlar geborene Amalie Buff, die sechsundzwanzigjährig im Jahr 1791 den damaligen weimarischen Prinzenerzieher Johann Kornelius Rudolf Ridel heiratete, war eine jüngere Schwester der Lotte aus Goethes Briefroman „Die Leiden des jungen Werther". Amalie ist freilich nur episodisch im Roman erkennbar, als Goethe-Werther eine rührende Familienszene am Brunnen beschreibt: „Indem kommt Malchen mit einem Glase. Marianne wollt' es ihr abnehmen: Nein! rief das Kind mit dem süßesten Ausdrucke, mein Lottchen du sollst zuerst trinken!" Der rührselige literarische Held Werther küßte die Kleine für diese kindlich-naive Gefühlsbekundung, und es ist gut vorstellbar, daß es der impulsive junge Goethe im Wetzlarer Elternhaus der Amalia tatsächlich auch so getan hat.

Die Buffs und die Kestners, Lottes Familie, haben durch Goethes Roman – wie bekannt – auch viel erlitten. Anders bei Ridels: Der junge Hamburger Senatorensohn Dr. Ridel wurde durch Kestners in Hannover nach Weimar empfohlen und machte hier Karriere. Von 1787 bis 1799 wirkte er als Prinzenerzieher, was schwierig war angesichts der Persönlichkeit Carl Friedrichs. Mit 1.000 Talern Jahresgehalt wurde er pensioniert und wirkte fortan in der Kammerverwaltung, wo er 1808 zum Geheimen Rat, 1817 zum Direktor aufrückte.

Jener von Thomas Mann literarisch-poetisch verklärte Weimar-Besuch der Charlotte Kestner, der den Gegenstand des Romans „Lotte in Weimar" bildet, hat im September 1816 tatsächlich stattgefunden, galt aber ganz und gar nicht in erster Linie ihrer Jugendliebe Goethe. Vielmehr besuchten Mutter und Tochter aus Hannover Schwester, Schwager, Tante und Onkel in ihrer Weimarer Wohnung. Die Visite bei Goethe war eher ein Höflichkeitsbesuch.

Der in die Familie einheiratende Theodor Hagen, einer der namhaftesten Vertreter des deutschen Impressionismus, führte die Weimarer Kunstschule in der Zeit seiner Direktion zu einem ersten Höhepunkt. Sie galt als eine der fortschrittlichsten Malerakademien in Deutschland.

48. Des Herzogs Adjudant

Unterhalb, das heißt nördlich der Fürstengruft, nur wenige Meter seitlich der Lindenallee, befindet sich der Grabstein des preußischen Majors Ludwig von Reiche. Der kubische Travertinblock ist mit einem Eisernen Kreuz mit zwei Schwertern geschmückt. Reiche befand sich an der Seite des Herzogs Carl August, als dieser im Feldzug von 1806 die preußische Vorhut kommandierte, die dann, in die Flucht der bei Jena und Auerstedt geschlagenen Armee hineingerissen, bis an die Elbe zurückging. Major Ludwig von Reiche beschrieb später diesen schweren Rückzug, in dessen Ergebnis der Weimarer Herzog beinahe seiner Herrschaft verlustig gegangen wäre.

Ludwig von Reiches Grabstein auf dem Historischen Friedhof

49. DER GROSSFÜRSTIN OBERHOFMEISTERIN

Hinter der Fürstengruft und der Russisch-orthodoxen Kapelle erhebt sich als eines von zwei markanten Mausoleen das der Louise Eleonore Maximiliane Ottilie Gräfin Henckel von Donnersmarck. Sie war die gefürchtete Oberhofmeisterin der Großfürstin und Erbgroßherzogin Maria Paulowna. Ihre Enkelin heiratete Goethes Sohn August. Das Mausoleum, errichtet nach römischen Vorbildern, liegt auf der „Wäldchen" genannten leichten Erhöhung des Friedhofs. Dieses Wäldchen, einst über den Äckern vor dem Frauentore gelegen und östlich von der Niederung des „Wilden Baches" begrenzt, galt als schauriger Ort. Hier hatte sich vor Errichtung des Neuen Friedhofs ein Mädchen namens Cornelia aus Liebeskummer erhängt; sie war unter dem Baum, wo man sie fand, beerdigt worden. Dieser Platz, gelegen hinter dem Henckel-Donnersmarckschen Mausoleum, wurde deshalb auch nie wieder belegt.

MAUSOLEUM DER GRÄFIN
HENCKEL V. DONNERS-
MARCK AUF DEM
„WÄLDCHEN" SÜDLICH
DER FÜRSTENGRUFT

50. BEDEUTENDE FRAUEN DES „KLASSISCHEN" WEIMAR

Henriette Freifrau von Egloffstein lebte bereits gegen Ende des 18. Jahrhunderts kurzzeitig in Weimar, wo sie mit Goethe bekannt wurde. Im Jahr 1800 siedelte sie erneut nach Weimar über, trennte sich drei Jahre später von ihrem Mann und heiratete 1804 in zweiter Ehe den hannoverschen Forstmeister Carl von Beaulieu-Marconnay. Die mittlere Tochter aus erster Ehe, Julie von Egloffstein, entwickelte sich zu einer der bekanntesten adligen Malerinnen ihrer Zeit. Die ältere Schwester, Caroline, war Hofdame bei der Großfürstin Maria Paulowna. Carl von Beaulieu-Marconnays Sohn, Carl Oliviers, bekleidete von 1851 bis 1864 den Posten des Hofmarschalls unter Großherzog Carl Alexander. Zugleich war er in dieser Eigenschaft Intendant des Weimarer Theaters und somit Vorgesetzter von Franz Liszt, der die Oper leitete. Sowohl die Egloffsteins als auch die Beaulieu-Marconnays sind bekannte Adels- und Beamtenfamilien, deren Abkömmlinge im Weimar des 19. Jahrhunderts eine wichtige Rolle spielten.

ERBBEGRÄBNIS
BEAULIEU-MARCONNAY

51. DIE RUSSISCH-ORTHODOXE KAPELLE

Im Jahre 1804 heiratete der Weimarer Erbprinz Carl Friedrich die Enkelin der Zarin Katharina der Großen. Die Verbindung des Hauses Sachsen-Weimar und Eisenach mit den Romanows und ganz besonders mit dieser hochbegabten, tatkräftigen und kunstbeflissenen Großfürstin darf als einzigartiger Glücksfall für Weimar und seine weitere Geschichte betrachtet werden. Während die Weimarer Fürsten Protestanten waren, hing die Familie Romanow der russisch-orthodoxen Konfession an. Auch nach der Eheschließung zwischen Carl Friedrich und Maria Paulowna blieben die unterschiedlichen Konfessionen bestehen. So bekam die Zarentochter und Zarenschwester im Erdgeschoß des Wohnhauses der Charlotte von Stein eine eigene „Griechische Kapelle" eingerichtet, wo eigens aus Rußland mit nach Weimar gekommene orthodoxe Priester die Gottesdienste zelebrierten. Auf Wunsch der Großfürstin baute der Coudray-Nachfolger und Schinkel-Schüler Carl Heinrich Ferdinand Streichhan im altrussischen Kirchenstil die „Russisch-orthodoxe Kapelle" an die rückwärtige Südseite der Fürstengruft. Entsprechend dem Willen der heimatverbundenen Großfürstin wurde der Grundstein in russische Erde gelegt. Bis 1909, dann wieder seit den achtziger Jahren wurde und wird die Kapelle für Gottesdienste genutzt.

Die 1859 verstorbene Fürstin wurde in der Gruft der Kapelle beigesetzt. Mit einem Mauerdurchbruch wurde es ermöglicht, daß ihr Sarg neben dem ihres Ehegatten Carl Friedrich steht, aber eben ein jeder unter dem Gebäude seiner Konfession.

Die fünf, mit Blattgold belegten Zwiebelkuppeln der Kapelle und der davorliegende quadratische Bau der Fürstengruft mit seiner achteckigen Laterne und dem dorischen Portikus ergeben ein einmaliges architektonisches Ensemble. Beide Bauwerke, zu einer historischen wie inhaltlichen Einheit verschmolzen, sind einer der Hauptanziehungspunkte auf dem Historischen Friedhof.

110

52. Der „letzte Centaur"

Der spätere Zeichner, Maler und Kupferstecher Bonaventura Genelli studierte 1814/19 an der Berliner Akademie bei Gottfried Schadow und Erdmann Hummel. Klassizistische Künstler, wie beispielsweise Asmus Jacob Carstens und Joseph Anton Koch, prägten ihn ebenso nachhaltig wie die zehn Jahre von 1822 bis 1832, in denen er in Rom weilte. In kargen Lebensumständen verbrachte Genelli die nächsten Jahre in Leipzig und München, wo er sich unter anderem als Illustrator von Homer- und Dante-Texten durch's Leben schlug. Die dabei einstudierten Bildideen, gespeist aus dem reichen antiken Formenschatz, flossen ein in seinen ab 1859 in Weimar praktizierten spätklassizistischen Stil. Genelli, als „letzter Centaur" persifliert, war eng befreundet mit dem Weimarer Maler Friedrich Preller d. Ä. Beide Künstler, der klassizistischen Kunstauffassung verpflichtet, traten entschieden den modernen Malern der Kunstschule um Stanislaus Graf Kalckreuth entgegen, die eine naturalistische und realistisch orientierte Kunstauffassung vertraten.

Bonaventura
Genelli,
geb.d.27.Sept.1798
gest.d.13.Novbr.1868
+
Dies Denkmal errichtete ihm aus
Liebe,Verehrung u.Dankbarkeit,
seine Gattin Caroline Genelli.

Hier ruht
die unvergefsl.Gattin.Mut
Carol:Gene
geb.Kübler,
geb.d.20.Januar 1808,
gest.d.8.Februar 1880

Hier ruht
ein während seines Lebens die
erhabeneMalerkunst eifrig anstrebend
Jüngling,der zur Freude Anderer lebte:
Camillo Genelli,

Hier ruht in Frieden

53. Der pathetische Historienmaler

Der 1814 in Weimar geborene Friedrich Martersteig durchlief das segensreiche Institut der „Freien Zeichenschule" in seiner Heimatstadt, bevor er sich zur weiteren künstlerischen Ausbildung an die Dresdner beziehungsweise Düsseldorfer Akademien begab. U.a. der Maler Ludwig Richter wurde sein Lehrer. In Paris verstärkte sich unter dem Einfluß von Paul Delaroche sein Hang zur Historienmalerei. Im Revolutionsjahr 1848 nach Weimar zurückgekehrt, schuf er ein Oeuvre, das thematisch der Reformationsgeschichte, dem Protestantismus und dem Dreißigjährigen Krieg verpflichtet war. „Naturalistische Detailtreue und pathetische Aussageabsicht" (R. Müller-Krumbach) charakterisieren seine Bilder, die sich auch der Genremalerei der Familienidylle zuwandten.

Der monumentale Naturstein seiner letzten Ruhestätte auf dem südöstlichen Teil des Historischen Friedhofs ist von einer Eisengußplakette geschmückt, die das Porträt des Malers zeigt.

54. DER STILLE STADTORGANIST

Südlich der Fürstengruft befindet sich das Grab von Johann Gottlob Töpfer, der als einer der fähigsten Organisten des 19. Jahrhunderts gilt und besonders durch seine Orgelbau-Lehrbücher bekannt wurde. Der in Niederroßla bei Apolda geborene Musiker lehrte von 1817 bis 1870 im Weimarer Seminar und war zugleich Stadtorganist. Reisescheu verbrachte er sein Leben in Weimar, wo er als Improvisator auf der Orgel hochgeschätzt wurde. Er gilt als „bedeutendster Weimarer Musiker im Bereich der Kirchen- und Schulmusik" (W. Huschke) und steht in der Tradition von Johann Sebastian Bach und Johann Gottfried Walther.

55. Naturschützer des 19. Jahrhunderts

Zu Zeiten, da ökologisches Denken und Handeln noch wenig verbreitet, der Erhalt des Gleichgewichts in der Natur noch keine existentielle Forderung war, gab es bereits Persönlichkeiten, die sich, fast hellseherisch, dieser Fragen und Probleme annahmen, obwohl an die Zerstörungen, die die moderne Industriegesellschaft anrichten sollte, vor über 100 Jahren noch nicht gedacht werden konnte. Zu diesen Männern gehörten in Weimar Oskar Freiherr von und zu Egloffsein und sein schottischer Freund, der Esquire John Horrocks. Beide verband ihre tiefe Liebe zur Natur und vor allem die Forderung nach Pflege und Hege der damals noch zahlreichen Binnengewässer; beide traten mit diesem ihrem Anliegen auch als Buchautoren auf. Horrocks verfaßte den Titel „Die Kunst des Fliegenfischens", die intensive Beobachtung eines Wasserlaufs und genaue Kenntnisse der Natur voraussetzt, um erfolgreich betrieben werden zu können. Egloffstein und Horrocks kannten die Ilm so gut, daß sie z.B. – der Überlieferung nach – gern an dem Standplatz zweier kapitaler Forellen verweilten, der sich unweit des Reithauses im Park befand; den Forellen hatten sie die scherzhaften Namen Max und Moritz gegeben.

Es ist Weimarer und Mannheimer Initiativen zu danken, daß durch eine neue Tafel auf dem Weimarer Friedhof an die Verdienste des schottischen Naturschützers erinnert wird.

56. Der berühmte Naturwissenschaftler

Der im Jahre 1838 in Bennungen in der Goldenen Aue geborene Carl Haussknecht absolvierte nach dem Schulbesuch in Jena eine Apothekerlehre in Artern und Greußen und war dann in seinem Beruf im Westen Deutschlands und in der Schweiz tätig. 1864 folgte das Apothekerexamen und ein Studium an der Breslauer Universität. In den Jahren 1865 bis 1869 unternahm Haussknecht mehrere botanische Orientreisen, ehe er sich ab 1869 zeitweilig, von 1876 an gänzlich als Privatgelehrter in Weimar niederließ. Von hier aus korrespondierte er mit den europäischen Fachkollegen. Eine große Spezialbibliothek und ein wachsendes Herbarium erforderten schließlich den Neubau des „Herbarium Haussknecht", das in der seit 1938 nach ihm benannten Straße liegt. Großherzog Carl Alexander verlieh dem bekannten und durch zahlreiche Publikationen hervorgetretenen Gelehrten den Professorentitel. Seit 1882 war Haussknecht Vorsitzender des Botanischen Vereins für Gesamtthüringen, seit 1889 Mitglied der Deutschen Akademie der Naturforscher Leopoldina.

57. DER EPIGONALE DRAMATIKER

Ernst von Wildenbruch, illegitimer Sproß eines Hohenzollern, gilt als epigonaler Dramatiker, dessen literarische Bedeutung von den Zeitgenossen, in einer Phase nationaler, ja nationalistischer Euphorie, weit überschätzt wurde. Sein hochgeschraubtes Pathos, von den 1875 erschienenen „Heldenliedern" bis zu den historischen Dramen der Jahrhundertwende mit Anteilnahme zu verfolgen, entsprach gleichwohl den Rezeptionserwartungen von Literatur- und Theaterfreunden namentlich aus Großbürgertum und Adel. Fast alle seine Dramen wurden in Weimar aufgeführt. Sie gehörten damit zu den häufigsten Inszenierungen in einer Zeit ständigen künstlerischen Rückganges des Weimarer Hoftheaters, das einst unter Goethes und Liszts Leitung deutsche, ja europäische Maßstäbe gesetzt hatte. Wie überzeugend der nationale Impetus seiner Dramatik war, mag exemplarisch deutlich werden an einem Textbeispiel aus „Das Hohelied von Weimar. Festspiel in vier Bildern":

„Anna Amalia (richtet das Haupt empor).
Ihr ew'gen Mächte, hört und nehmt dies Wort!
Wenn's Wahrheit war, so bleib' es wahr hinfort!
Die Ihr das Herz mir still im Busen nährtet,
Ihr ew'gen Mächte, daß Ihr mir's gewährtet,
Daß dieses Weimar, dieses Stückchen Erde
Ein Garten für die große Menschheit werde!
Wenn sich die glaubensleere Öde senkt,
Wenn Licht des Ew'gen Menschen nicht mehr tränkt,
Daß noch ein Ort dann sei und eine Stätte,
Wohin die Seele sich des Menschen rette!
Wo sie, erlöst von Alltags wüstem Drang,
Vernehme den urewigen Gesang,
Mit dem die Welten um die Welten gehn,
Ins letzte Werden aller Dinge sehn.

(Sie erhebt beide Hände.)

Ihr ew'gen Mächte, die kein Auge schaut,
So meinem Herzen nah, und so vertraut,
Wenn Ihr vernehmt der Menschenseele Schrei,
Gebt, daß mein Weimar solche Stätte sei!"

Der Wahlweimarer, 1900 in die Residenz an der Ilm gekommen, bewohnte ab 1907 das pompöse „Haus Ithaka" Am Horn 25, oberhalb von Goethe Gartenhaus. Ebenso anspruchsvoll wie bedeutungheischend präsentiert sich das Wildenbruch-Grabmal auf dem Hauptfriedhof, das im Bildlichen unverkennbar auf das „Heldische" des deutschen Bewußtseins im beginnenden 20. Jahrhundert reflektiert; Wildenbruch war nicht umsonst ein begeisterter Nietzsche-Anhänger.

GRABMAL ERNST VON
WILDENBRUCHS
IM SÜDWESTLICHEN TEIL
DES HAUPTFRIEDHOFS

58. Die Herrin von Kurwenal

Die aus einem westfälischen Adelsgeschlecht stammende, in Kopenhagen geborene und in Danzig erzogene Margarethe Freiin von Freytag-Loringhoven ließ sich 1880 in Weimar nieder. Sie nahm Malunterricht bei Karl Buchholz, Max Thedy und Leopold Graf Kalckreuth, namhaften Meistern der „Weimarer Malerschule". Thüringer Landschaften und Blumenarrangements entstanden unter ihren Händen. Daneben schrieb sie Romane und Novellen. 1913 übernahm sie das Kunstreferat in der Allgemeinen Thüringischen Landeszeitung „Deutschland". Sie engagierte sich auf dem Gebiet des Tierschutzes und der Tierpsychologie, wobei ihre eigenen Hunde eine große Rolle spielten. Ihr Hund Kuno von Schwertberg, genannt Kurwenal, vollbrachte verblüffende Rechenkunststücke, so daß sich Zirkusleute und Tierverhaltensforscher mit ihm befaßten. Bereits Herzog Carl August hatte einem seiner Hunde ein Denkmal, „Remember Leo", setzen lassen. „Kurwenal" aber übertraf alle seine Vorgänger. Diesem berühmtesten Hund Weimars setzte seine Herrin im Garten des Hauses in der Marienstraße 18 gleichfalls ein Monument. Das Grab der Margarethe von Freytag-Loringhoven befindet sich gleichfalls auf dem Weimarer Hauptfriedhof.

59. EIN VERGESSENER LITERAT

Unter dem Pseudonym Freiherr von Schlicht hat der in Schleswig geborene Wolf Graf von Baudissin zahlreiche Militärhumoresken, satirische Romane und Erzählungen veröffentlicht. Bis 1898 stand er im aktiven Militärdienst, nach seinem Ausscheiden widmete sich der produktive Graf der Schriftstellerei. Einige seiner Arbeiten um die Jahrhundertwende entstanden in gemeinsamer Autorenschaft mit seiner Frau Eva, die sich unter dem Pseudonym Bernhard von Brandenburg verbarg. 1908 ging sie, von ihrem Mann geschieden, nach München. Wolf von Baudissin blieb, ein zu Lebzeiten vielgelesener Schriftsteller, bis zu seinem Tode in Weimar.

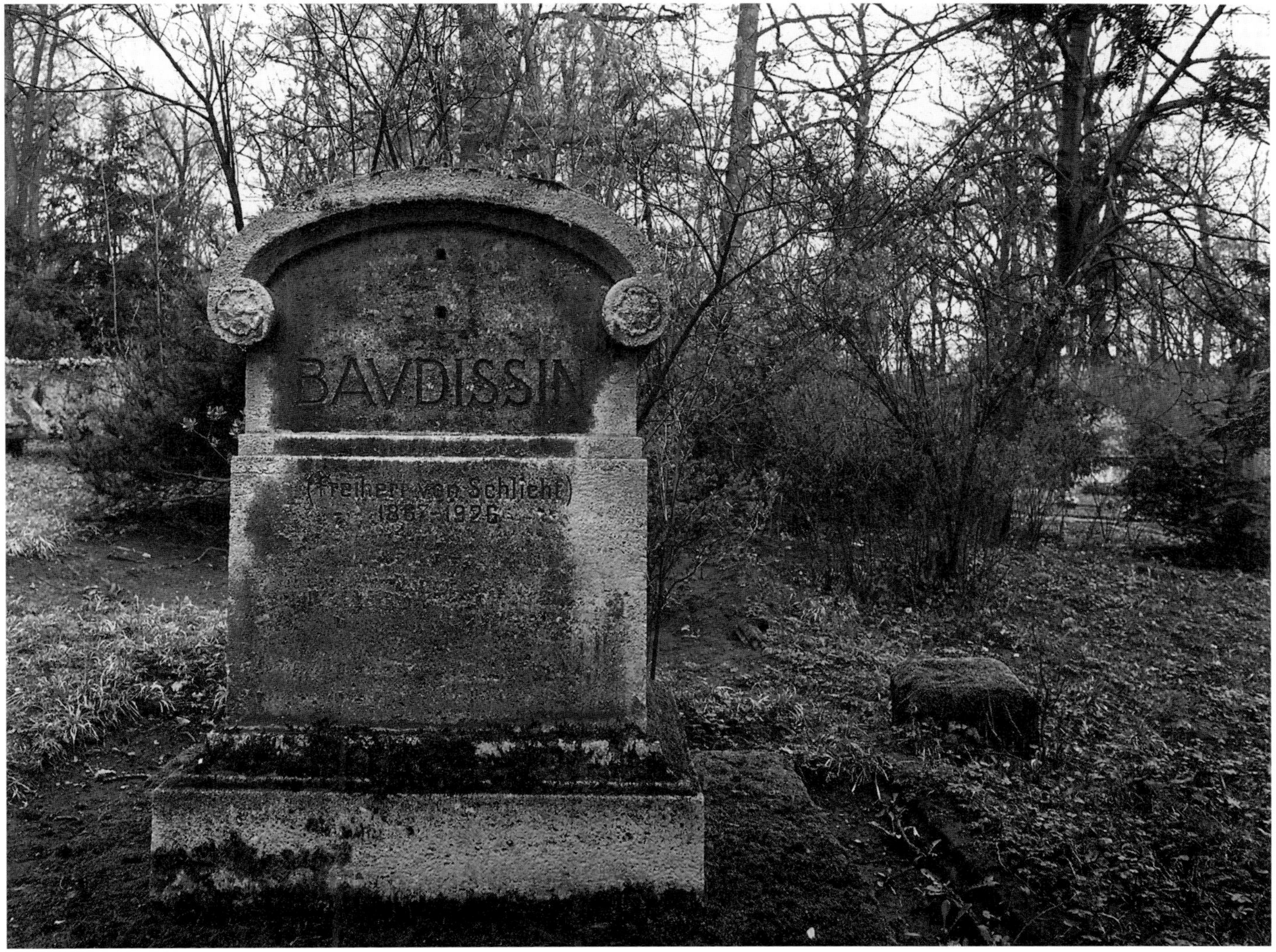

Baudissins Grab auf dem Hauptfriedhof

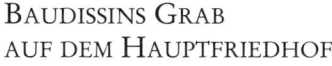

60. Der Tradi- tionsreiche Verleger

Als die bedeutungslos gewordene, aber bereits 1624 begründete Hofdruckerei im Jahre 1853 vom Hallenser Verleger Hermann Böhlau erworben wurde, begann der schnelle Aufstieg des im 19. Jahrhundert berühmtesten Weimarer Verlagshauses. Die Blütezeit des Verlages fällt in die Jahre 1880 bis 1895; die Sophien- oder Weimarer Ausgabe der Werke Goethes und die kritische Ausgabe der Werke Martin Luthers begründeten in diesen Jahren den internationalen Ruf des Namens Böhlau.

Der Verlagsgründer heiratete 1854 Therese Thon, eine Enkelin der in Weimar stadtbekannten „Ratsmädel". Hermann Böhlau war eine der prägenden Persönlichkeiten im Kulturleben der Stadt und des Landes. Als Gemeinderat und Abgeordneter des Thüringer Landtags, als Mitglied des Kulturgeschichtlichen Vereins und des Gewerbevereins leistete er viel für die Förderung und Entwicklung der weimarischen Kultur und Wirtschaft. Pädagogik, Geschichte, Rechtswissenschaft und, ab 1886, die Goetheliteratur prägten das Profil des Verlages.

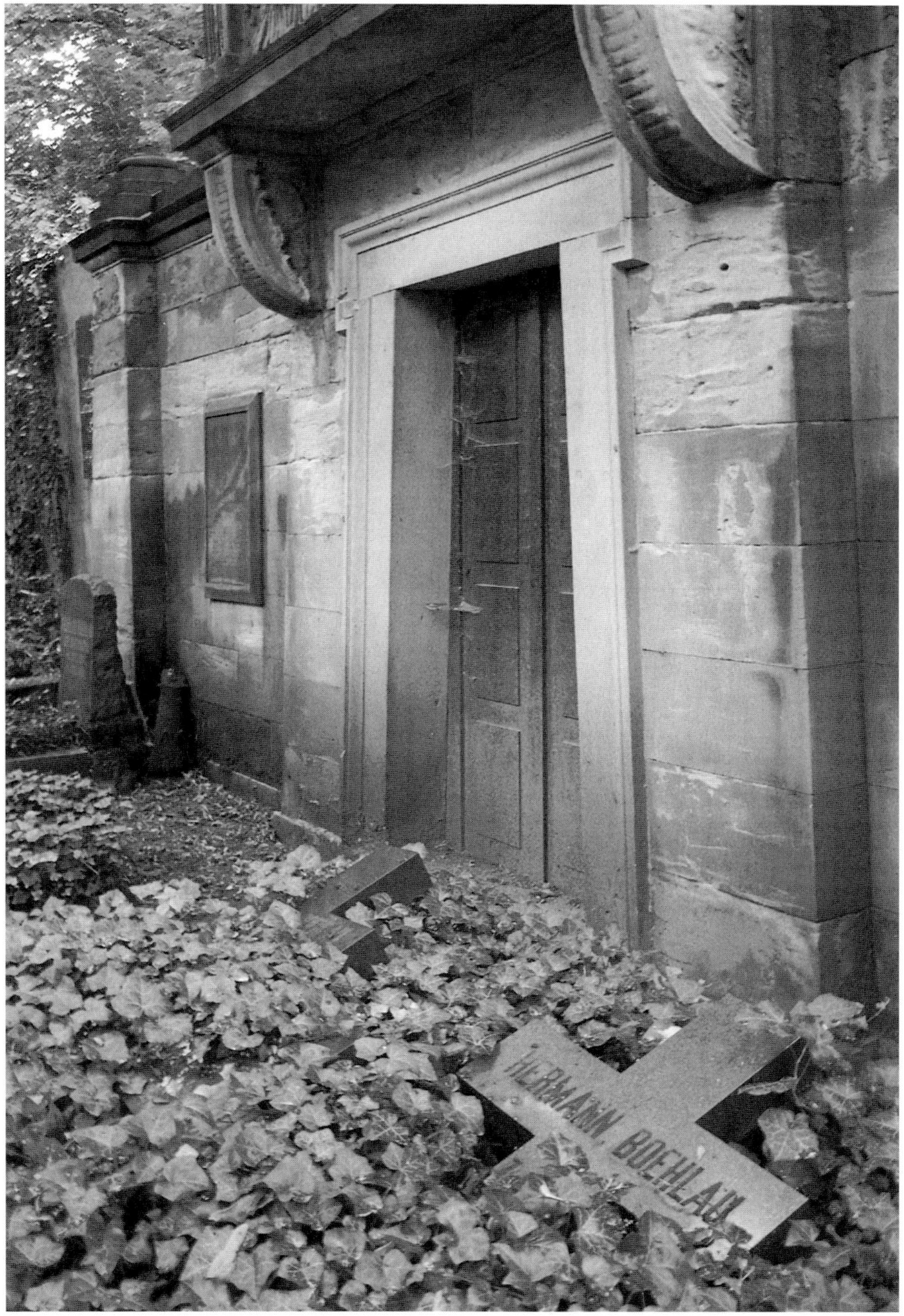

Das Familiengrab Böhlau

61. Hof-Juwelier und Ordens-Lieferant

Der zu Eisenach geborene Theodor Müller erlernte den Beruf eines Goldschmieds. Seit 1863, als er im Alter von 24 Jahren in Weimar ein Gold- und Silberwarenlager gründete, festigte und verbreitete sich sein Ruf als hervorragender Kunsthandwerker. Seit 1865 betrieb er seine Goldschmiede und Silberwarenfabrik in der damaligen Kauf- und heutigen Schillerstraße. Theodor Müllers erfolgreiches Unternehmen erlangte in der Folgezeit Bedeutung über die Grenzen des Großherzogtums Sachsen-Weimar und Eisenach, ja sogar über die deutschen Reichsgrenzen hinaus. Er fertigte zum Beispiel jahrzehntelang den weimarischen Orden der Wachsamkeit oder vom Weißen Falken, Ordenspretiosen von größter handwerklicher Qualität und Gediegenheit. Müllers monumentales Familiengrab entspricht der lokalen Bedeutung und Wertschätzung des Hofjuweliers und Ordensfabrikanten.

62. DER ERSTE OBERBÜRGERMEISTER

Karl Papst, geborener Weimarer, stand über fünfunddreißig Jahre lang an der Spitze der Stadtverwaltung. 1873 erfolgte seine Wahl in den Gemeinderat, drei Jahre später die Berufung in das Amt des Bürgermeisters. 1888 erhielt er den Titel „Oberbürgermeister", 1899 erfolgte die Bestätigung in diesem Amt auf Lebenszeit. Gemeinsam mit dem Geheimen Kommerzienrat Louis Georg Döllstedt löste Papst erfolgreich dringende kommunale Aufgaben, so den Bau einer Wasserleitung, die Errichtung von Schulgebäuden, den Aufbau einer städtischen Müllabfuhr und schließlich die Schaffung einer Straßenbahn als örtliches Nahverkehrsmittel. Seit 1890 bzw. 1900 sind Weimarer Straßen nach den beiden verdienstvollen Kommunalpolitikern benannt.

63. Skulptur eines schlafenden Mädchens

Figurale Darstellungen sind auf dem Weimarer Friedhof nicht sehr häufig. Die eindrucksvollste Plastik befindet sich auf dem Grabmal des Bankiers Otto Koch. Der Karlsruher Bildhauer Hermann Binz, der stark von den Arbeiten Auguste Rodins beeinflußt wurde, schuf in seiner Vaterstadt, teils gemeinsam mit anderen Künstlern, einige monumentale Plastiken. Zu ihnen zählt der sogenannten Stephansbrunnen mit der überlebensgroßen Statue eines Mädchens sowie Bronzewerke wie das „Betende Mädchen". Zugleich war Binz als Bildhauer bekannt, der Porträtplastiken in Marmor arbeitete. Dies mögen die Gründe für die Auftragserteilung durch den vermögenden Weimarer Finanzmann gewesen sein, der sich bereits mit etwa vierzig Jahren ins Privatleben zurückzog. Vielleicht hat der frühe Tod seiner Tochter Marie-Luise zu diesem Entschluß beigetragen.

64. DER WELT
GRÖSSTE FREI-
SCHWINGENDE
GLOCKE

Einer der auffälligsten Grabsteine des Weimarer Friedhofs trägt auf einem quadratischen Steinblock eine
Glocke. Hier liegen neben anderen die Glockenmeister
Heinrich Ulrich und Joseph Stock. Der Apoldaer
Heinrich Ulrich entstammte einem uralten Glocken-
gießergeschlecht aus dem Hessischen, dessen Vorfah-
ren im 18. Jahrhundert nach Thüringen einwanderten.
Ulrich übernahm den Auftrag seines Lebens, als er
1923 die St.-Peters-Glocke des Kölner Domes goß.
Durch die Wirren der Zeit bedingt, stand die 24 Tonnen schwere Glocke noch etwa ein Jahr nach ihrer
Fertigstellung in Apolda, bevor sie in Köln an ihren
Bestimmungsort gelangte. Die damit verbundenen
wirtschaftlichen Schwierigkeiten waren für Ulrich exi-
stenzbedrohend. Dies beeinträchtigte seinen Nach-
ruhm freilich nicht. Die Annalen halten vielmehr fest,
daß er mit der Petersglocke die größte freischwingende
Glocke der Welt schuf.

Sein Schwager Joseph Stock wirkte in Apolda als
Glockengießer bis 1933.

„Dem Schicksal leihe sie die Zunge,
Selbst herzlos, ohne Mitgefühl,
Begleite sie mit ihrem Schwunge
Des Lebens wechselvolles Spiel.
Und wie der Klang im Ohr vergehet,
Der mächtig tönend ihr entschallt,
So lehre sie, daß nichts bestehet,
Das alles Irdische verhallt."

(Aus: Friedrich Schiller, Lied von der Glocke)

GLOCKENGIESSERMEISTER
JOSEF STOCK
1884-1941

65. GRABFELD DER SOPHIENHAUS- SCHWESTERN- SCHAFT

Großherzogin Sophie von Sachsen–Weimar und Eisenach gründete 1886 ein nach ihr benanntes Krankenhaus als Mutterhaus der Sophienhausschwesternschaft. 1906 wurde dort die erste Krankenpflegeschule Deutschlands errichtet. Die 1927 in eine Milde Stiftung umgewandelte Einrichtung stellt heute die größte diakonische Einrichtung Thüringens dar. Der Sophienhausschwesternschaft ist ein gesondertes Grabfeld südöstlich der Fürstengruft vorbehalten.

66. Ein antikisierender Sarkophag

Hinter der Westmauer des Historischen Friedhofs, etwa in Höhe der Fürstengruft, erhebt sich als auffälliges Grabmonument dasjenige des heute vergessenen Kaufmanns Franz Schmidt, der am Goetheplatz, dem heutigen Frauenplan, eine Eisen- und Kurzwarenhandlung betrieb. Als vermögender Händler konnte sich Schmidt eine Grabarchitektur leisten, die, im zeitgemäßen historisierenden Stil, kunstvoll aus Sandstein geschlagenes, stilisiertes Girlanden-, Blatt- und Blumenwerk ziert. Ein Pinienzapfen krönt, in Anlehnung an klassizistischen Zierrat, den Sarkophag, der als Blickfang wirkt. Ebenso wie die Mausoleen der Familie Grosch, der Gräfin von Henckel-Donnersmarck oder der Familie Kötschau kann diese Grabstätte als Widerspiegelung der jeweils vorherrschenden Architekturstile auf dem Weimarer Friedhof gelten.

67. Neogotische Grabarchitektur

Die vermögende Gutsbesitzerfamilie Grosch besaß erheblichen Grundbesitz um Weimar. Rudolf Grosch ist in den Annalen des Stadtarchivs verewigt als Mechaniker und Lampenfabrikbesitzer zu St. Petersburg. Ob diese Verbindung zum zaristischen Rußland oder die Wohlhabenheit der Familie der Grund ist, warum sich das pompöse Grabmal direkt in südlicher Nachbarschaft zur Grabkapelle der russischen Zarentochter erhebt, ist nicht geklärt. Das neogotische Mausoleum überragt jedenfalls alle Grabmale der näheren Umgebung und kündet von einem hohen Erinnerungsanspruch der Familie Grosch.

68. ABSTRAKTER JUGENDSTIL

Der belgische Maler, Architekt und Kunstgewerbler Henry van de Velde wurde 1902 nach Weimar berufen, wo er das „Kunstgewerbliche Seminar" gründete. Gemeinsam mit seinem Freund Harry Graf Keßler bestimmte er wesentlich das Kunstleben in der Residenzstadt Weimar um die Jahrhundertwende. Als Hauptmeister des abstrakten Jugendstils entwarf er vorbildliche Häuser in diesem Baustil, so etwa sein städtisches Wohnhaus „Hohe Pappeln". Eine innenarchitektonische Meisterleistung hinterließ er mit seinen Umbauten im Hause der Elisabeth Förster-Nietzsche im Haus „Silberblick". Für die bekannte Weimarer Familie Kötschau entwarf er 1903 eine monumentale Grabanlage, die gleichfalls durch die Formensprache des Jugendstils bestimmt ist.

69. Gedächtnis-halle für die Gefallenen des 1. Weltkriegs

Als ein weiteres markantes Gebäude auf dem Historischen Friedhof – Fürstengruft und Russisch-Orthodoxe Kapelle bestimmten bislang das Bild – entstand im nordöstlichen Teil 1878/79 eine von der Weimarer Sparkasse gestiftete Friedhofskapelle, die der Architekt Julius Bormann errichtete. Der preußische Militärbeamte und Nachfolger von Carl Streichhan, der in Weimar mehrere markante Großbauten im Neorenaissancestil ausführte, entschied sich bei dieser Friedhofskapelle allerdings für eine neoromanische Formensprache. Als 1906 auf dem inzwischen gewachsenen Hauptfriedhof eine neue Kapelle errichtet wurde, verlor das Gebäude seine ursprüngliche Funktion. Deshalb ist es seit 1921 zur Gedächtnishalle für die 1341 im Ersten Weltkrieg gefallenen Weimarer Soldaten bestimmt. Im Inneren befindliche Wandtafeln halten die Namen der Gefallenen fest. Eine Statue von Joseph Heise schmückt die Apsis. An der südlichen Außenmauer nennen große Bronzetafeln die Namen der Gefallenen aus dem Krieg von 1870/71. Insgesamt 344 Männer aus dem Großherzogtum Sachsen–Weimar und Eisenach kehrten nicht aus dem Deutsch-Französischen Krieg zurück.

FRIEDHOFSKAPELLE, DANN
GEDÄCHTNISHALLE DER
WEIMARER GEFALLENEN
DES ERSTEN WELTKRIEGES
AUF DEM HISTORISCHEN
FRIEDHOF

70. Die neue Friedhofskapelle

Im Jahre 1911 baute der Architekt und Stadtbaurat August Lehrmann auf dem südlichen Hauptfriedhof ein neues Leichenhaus mit unterirdischem Krematorium. Darüber errichtete er einen neoromanischen Säulentempel. Gemeinsam mit der 1905 von Stadtbaurat Bruno Schmidt erbauten neuen Kapelle bildet es ein großes, raumbeherrschendes Architekturensemble. Man nähert sich ihm von der Berkaer Straße aus über eine großzügige Treppenanlage.

71. DER SIEGER VOM SKAGERRAK

Am 31. Mai 1916 fand im Skagerrak, der nur 110 bis 140 km breiten Verbindung zwischen Nordsee und Kattegat, die einzige Seeschlacht des 1. Weltkrieges zwischen der deutschen und der englischen Hochseeflotte statt. Das trotz großer Übermacht für die beteiligten englischen Schiffe verlustreiche Treffen hatte keine strategische Bedeutung, sprach aber sowohl für hohen technischen Standard der deutschen Schiffe als auch für die ausgezeichnete Ausbildung und Disziplin ihrer Besatzungen. Der Befehlshaber der deutschen Flotte, Admiral Reinhard Scheer, trug mit seinen Offensivbefehlen noch kurz vor Kriegsende wesentlich zum Ausbruch der Revolution bei der Marine im November 1918 bei. Er ließ sich, wie viele andere pensonierte Offiziere und Beamte des ehemaligen kaiserlichen Deutschland, in Weimar beerdigen. Die Ilmresidenz war nicht zuletzt durch zahlreiche Pensionäre und Rentiers als nationalkonservative Hochburg bekannt.

151

72. Die Steinbrücke zum südlichen Hauptfriedhof

Westlich und südlich des Historischen Friedhofs entstand im Laufe des 19. und 20. Jahrhunderts der Hauptfriedhof, der nach notwendigen Erweiterungen seine heutige Ausdehnung erhielt. Südlich des 1911 erbauten neuen Leichenhauses quert das Friedhofsgelände ein tiefer Graben, der von mächtigem Mauerwerk eingefaßt und von einer massiven Steinbrücke überwölbt wird. Jenseits dieser Brücke entstand 1922 ein neuer Bezirk des Hauptfriedhofs, auf dem sich die Denkmäler der Märzgefallenen und Gemeinschaftsgräber für die Opfer der Bombenangriffe auf Weimar und Buchenwald sowie Soldatengräber befinden. Auch ein Gemeinschaftsgrab von Häftlingen des Konzentrationslagers Buchenwald mit Ehrenhain wurde hier angelegt.

73. Das Denkmal der März-Gefallenen

Bei dem Putschversuch unter Wolfgang Kapp im März 1920 gegen die Reichsregierung verteidigten auch Weimarer Arbeiter die Republik. 8 Tote und 35 teils schwer Verletzte waren im Ergebnis des Angriffs der Putschisten zu beklagen. Am 18. März 1920 wurden die Getöteten unter großer Anteilnahme der Bevölkerung beigesetzt. Walter Gropius, der Direktor des Staatlichen Bauhauses Weimar, schuf den Entwurf für das Denkmal der Märzgefallenen, das am 1. Mai 1922 enthüllt wurde. Die mehrfach gebrochene kristalline Form des Hauptkörpers erinnert an einen Blitzstrahl. So interpretierte es auch sein Schöpfer: „ein Blitzstrahl aus dem Grabesboden als Wahrzeichen des lebendigen Geistes". 1935 von den Nationalsozialisten zerstört, wurde der Betonguß nach dem Krieg rekonstruiert und am 23. März 1946 wieder eingeweiht.

74. Das Grabfeld der 94er

Das 1702 gegründete und später bis 1918 unter dem Namen „5. Thüringisches Infanterie-Regiment Nr. 94 (Großherzog von Sachsen)" existierende Regiment verfügt über eine lange und stolze Geschichte. Herzog Ernst August gründete den Truppenkörper, der in den napoleonischen Kriegen in Tirol, in Spanien und in Rußland eingesetzt wurde und einen gewaltigen Blutzoll entrichtete. Später kämpften die „94er" unter preußischen Fahnen gegen die französische Fremdherrschaft, beteiligten sich unter Blücher an der Schlacht an der Katzbach und an der Völkerschlacht bei Leipzig. Im Deutsch-Französischen Krieg zeichneten sich die Thüringer in den Schlachten von Wörth und Sedan aus. Im Ersten Weltkrieg schließlich waren die Soldaten des Regiments sowohl im Osten als auch im Westen an opferreichen Kämpfen beteiligt. 1918 wurde das Regiment demobilisiert und aufgelöst; ein Offiziersbund ehemaliger 94er existierte noch bis zum Zweiten Weltkrieg. Ein relativ großes Areal auf dem Hauptfriedhof trägt die Kreuze der Gefallenen von verschiedenen Einheiten.

75. Das Soldaten-grabfeld

Im 1922 neuentstandenen, vorläufig südlichsten Teil des Hauptfriedhofs wurde nach dem Zweiten Weltkrieg ein Gemeinschaftsgrabfeld für die Toten der Bombenangriffe und für insgesamt 351 Soldatengräber angelegt. Schlichte Steinkreuze tragen die Namen der Toten. Da sich unter den Beigesetzten auch Angehörige von SS-Einheiten befinden, wurden deren Dienstränge nach massiven Protesten der Öffentlichkeit wieder gelöscht.

76. Gedenkstein und Grabfeld für die Opfer der Luftangriffe

Gegen Ende des Zweiten Weltkrieges bekam die Weimarer Zivilbevölkerung die Konsequenzen des alliierten Luftkriegs immer stärker zu spüren. Ein erster Angriff englischer und amerikanischer Verbände am 27. Mai 1943 ging noch mit relativ geringen Verlusten und Schäden aus. Stärker waren dann bereits die Angriffe vom 24./25. August, die sich gegen die Rüstungswerke auf dem Gelände des Konzentrationslagers Buchenwald richteten.

Fast ausschließlich die Zivilbevölkerung und markante kulturelle Stätten Weimars traf der schwerste Angriff vom 9. Februar 1945, der keinerlei militärischen Sinn mehr hatte. In wenigen Minuten der Mittagszeit dieses 9. Februar ging über Weimar ein Teppich von 481 Tonnen Sprengbomben nieder. 462 Einwohner und ausländische Zwangsarbeiter fanden dabei den Tod, das Goethehaus, das Schillerhaus, das Bachhaus wurden schwer getroffen oder zerstört, die Stadtkirche, das Deutsche Nationaltheater und die Marktnordseite mit alter Renaissancebebauung sanken in Schutt und Asche. Weitere Luftangriffe auf die Innenstadt folgten am 23. und 27. Februar, am 10., 17., und 31. März sowie am 5. April. Letztmalig rasten am 10. April 1945 Tiefflieger der Alliierten über die Stadt, wobei fünf Menschen den Tod fanden. Als am 12. April 1945 die kampflose Übergabe Weimars an die Truppen der III. US-Armee unter General Georges S. Patton erfolgte, hatte die deutsche Kulturstadt ein bitteres Fazit nach der zwölfjährigen Naziherrschaft zu ziehen: Allein im Kriege wurden 1.254 Bürger, darunter 102 Kinder und 600 im Stadtgebiet arbeitende KZ-Häftlinge, getötet. 1.300 Wohnungen vernichtete der Bombenhagel, der einige Hunderttausende Tonnen Schutt und Trümmer zurückließ. Der humanistische „Geist von Weimar" war künftig und für immer – unseliges Erbe dieses Abschnitts deutscher Geschichte – mit dem Schreckenswort vom KZ Buchenwald verbunden.

Gedenkstein für die
Opfer des Bomben-
angriffs auf Weimar
vom 9. Februar 1945 auf
dem Hauptfriedhof

DEN OPFERN
DES
9. FEBRUAR 1945
ZUM EHRENDEN
GEDENKEN

161

77. Ehrenhain für die Opfer des Faschismus

Auf dem letzten Erweiterungsteil des Hauptfriedhofs fanden auch 114 unbekannte Häftlinge des KZ Buchenwald ihre letzte Ruhe. Am 12. September 1948 wurde an derselben Stelle ein Gedenkstein für die Opfer des Faschismus eingeweiht und zugleich ein Ehrenhain für die nach 1945 verstorbenen Widerstandskämpfer gegen das nationalsozialistische Regime angelegt. Der Tod kennt keine politischen und ideologischen Gräben mehr. Unmittelbar benachbart liegt das pompöse Grabmal des Weimarer SA-Führers Gustav Zunkel, der in der Folge des sogenannten „Röhm-Putsches" 1934 durch einen provozierten Autounfall ums Leben gekommen ist.

163

FRIEDHOF IN OBERWEIMAR

**78. SPUREN
DER PEST**

Der heutige Oberweimarer Friedhof wurde 1585 errichtet und mußte 13 Jahre später wegen der zahlreichen Pestopfer nochmals erweitert werden. Neben der Grabstätte des Malers Alexander Olbricht ist die der 1979 verstorbenen Malerin Tina Bauer-Pezellen zu erwähnen. Sieben verwitterte, teils kaum noch zu entziffernde Grabsteine aus dem 17. und 18. Jahrhundert erinnern heute an das altehrwürdige Alter dieses Begräbnisplatzes.

79. Ein Vertreter der Weimarer Malerschule

Der 1876 in Breslau geborene Maler und Grafiker Alexander Olbricht war seit 1899 in Weimar ansässig, nachdem er in Breslau und Weimar künstlerisch ausgebildet worden war. Zu seinen Lehrern zählten sein Vater Gustav und vor allem der Landschaftsmaler Theodor Hagen, der zu den Hauptvertretern des deutschen Impressionismus gehört. Olbricht widmete sich zunächst ebenfalls der Landschaftsdarstellung auf Gemälden, pflegte später aber auch Aquarell und Zeichnung. Daneben entstand ein umfangreiches grafisches Werk. Weimarer Motive und die reizvolle Umgebung der Stadt hielt der Künstler auf zahlreichen Arbeiten fest, die in den Jahren von 1912 bis 1939 den Charakter von Serien annahmen. Seine realistischen Landschaften sind „durch liebevolle Versenkung ins Detail gekennzeichnet" (R. Müller-Krumbach).

Erst 1976 kam es zur ersten Einzelausstellung des bereits 1942 verstorbenen Künstlers. Einen Teil des Oeuvres bewahren die Kunstsammlungen zu Weimar.

168

Massengräber auf dem Ettersberg

80. Ringgräber
an der Strasse
der Nationen

Ab 1936 errichteten die Nationalsozialisten auf der klimatisch rauhen Nordseite des Ettersberges das Konzentrationslager Buchenwald, in dem bis Kriegsende etwa 238 000 Menschen aus 35 Nationen gefangengehalten und über 56 000 ermordet wurden. Die 1958 eingeweihte Gedenkstätte, ein Flächenmemorial, beginnt mit dem Stelenweg, der die Qualen der Inhaftierten symbolisch verdeutlicht. Er führt sodann zur Straße der Nationen, an der die drei großen Ringgräber der Ermordeten liegen. Vom letzten Ringgrab führt der Weg durch das „Tor der Freiheit" hinauf zum Feierplatz, wo sich das Buchenwald-Denkmal befindet und sich der Glockenturm erhebt.

81. GRABFELD DES EHEMALIGEN SPEZIALLAGERS NR. 2

Vom August 1945 bis zum Februar 1950 betrieb die sowjetische Besatzungsmacht im ehemaligen Konzentrationslager das Speziallager Nr. 2, in dem vermutlich insgesamt 28 000 Menschen, zum Teil grundlos, festgehalten wurden. Vermutungen sprechen von über 10 000 Toten, die in unmittelbarer Nähe des Lagers auf einem provisorischen Friedhof liegen.

Wie viele Menschen im sowjetischen Speziallager Nr. 2 tatsächlich ihr Leben lassen mußten und in unmittelbarer Umgebung verscharrt wurden, ist bislang nicht geklärt. Heutigen und künftigen Forschern wird es vorbehalten sein, dieses düstere Kapitel der Nachkriegsgeschichte weiter zu erhellen.

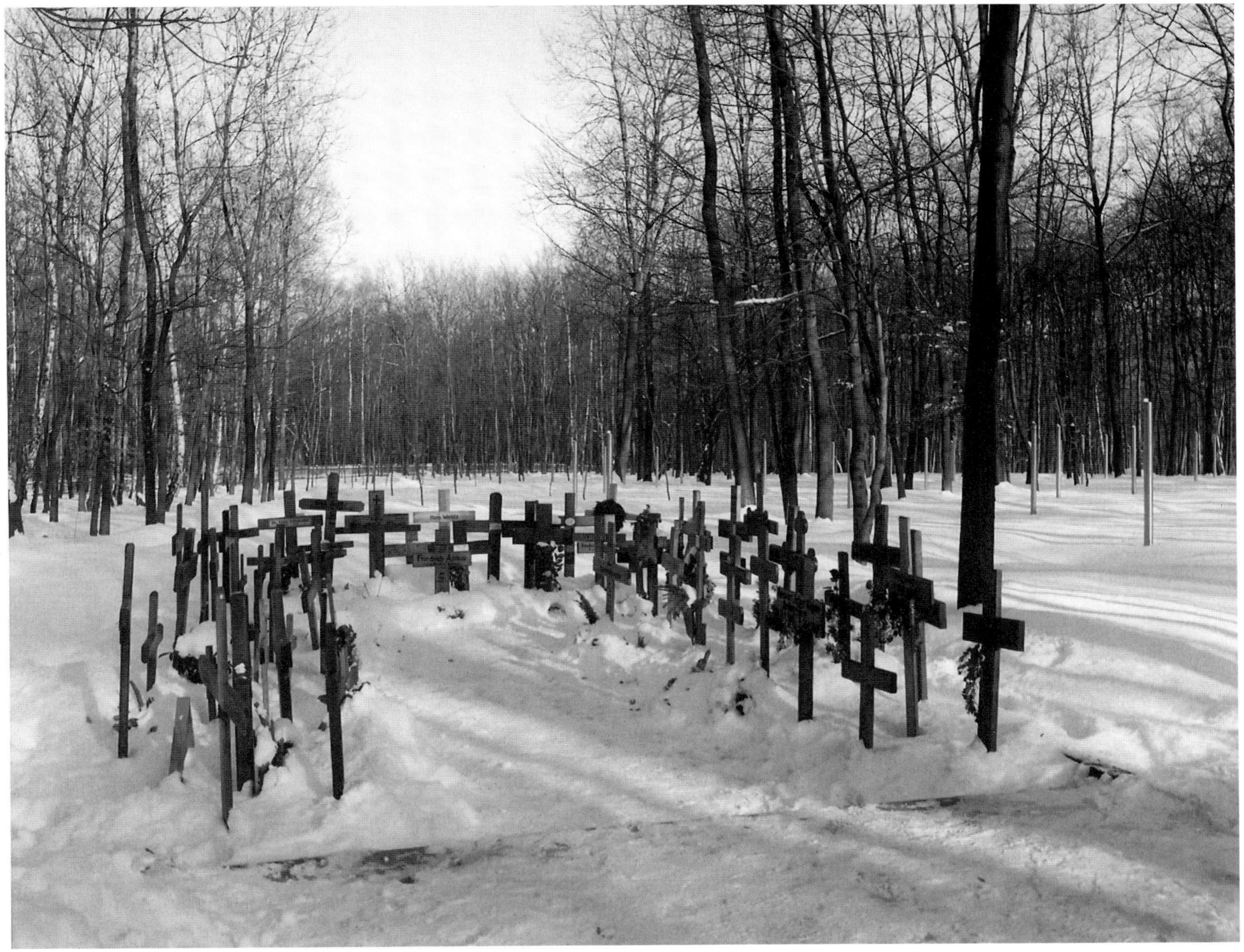

Gräber des Speziallagers

DIE SOWJETISCHEN FRIEDHÖFE

82. UNTER RUSSISCHER BESATZUNG

Unmittelbar nach dem Abzug der amerikanischen Truppen wurde im Juli 1945 die Übergabe der alliierten Kontrollhoheit an die sowjetische Besatzungsmacht vollzogen. Alle zivilen Verwaltungsfunktionen übernahm zunächst Gardegeneralmajor Iwan Sosonowitsch Kolesnitschenko, der zugleich Chef der Verwaltung der sowjetischen Militäradministration war. Er veranlaßte die Anlage eines sowjetischen Ehrenfriedhofs im Park an der Ilm, wo Soldaten und Offiziere beigesetzt wurden, die noch nach Kriegsende ihren Verwundungen erlegen waren. Somit stellte dieser Friedhof zunächst die letzte Ruhestätte von Kämpfern der 8. Garde-Armee dar, die den verlustreichen Weg von Stalingrad bis Berlin zurückgelegt hatte. Insgesamt 649 Angehörige der sowjetischen Streitkräfte wurden auf diesem Friedhof beigesetzt.

83. Der sowjetische Friedhof im Schlosspark Belvedere

1937/38 ließ Gauleiter Fritz Sauckel unterhalb des Rokokoschlosses eine Begräbnisstätte anlegen, die nationalsozialistischen Würdenträgern vorbehalten sein sollte. Nur wenige Beisetzungen fanden während des Dritten Reiches hier statt. Nach Kriegsende ließ die sowjetische Besatzungsmacht diese Toten auf den Weimarer Hauptfriedhof umbetten, um den malerisch über der Stadt gelegenen, von jahrhundertealten Eichen gesäumten Platz zur Anlage eines eigenen, zentralen Thüringer sowjetischen Friedhofs zu nutzen. Während im Park an der Ilm vorwiegend Kriegsteilnehmer ihre letzte Ruhe fanden, waren es im Schloßpark Belvedere Angehörige der sowjetischen Besatzungstruppen und der dazugehörigen zivilen Einrichtungen. Bis in die siebziger Jahre fanden hier weit über 2000 Beisetzungen statt.

Ein Rundgang durch die Gräberreihen öffnet schnell die Augen für den tragischen Umstand, daß ungewöhnlich viele junge Menschen in diesen Jahren den Tod fanden. Ohne unzulässig verallgemeinern zu wollen, darf darin doch ein Fingerzeig gesehen werden, daß die militärischen, technischen, zivilen und zwischenmenschlichen Verhältnisse innerhalb der sowjetischen Einrichtungen auf deutschem Boden bereits frühzeitig zu zahlreichen unnatürlichen Todesfällen führten. Der moralische Niedergang der Siegermacht Sowjetunion kündigte sich, unmerklich wohl, aber lange schon vor dem Ende des Staates selbst an. Auch dieser Friedhof ist damit ein Geschichtsmonument von großer Aussagekraft.

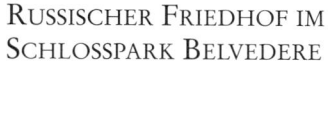

Paul Benndorf, Weimars denkwürdige Grabstätten. Leipzig 1924.

Effi Biedrzynski, Goethes Weimar. Das Lexikon der Personen und Schauplätze. Zürich 1993.

Goethes Werke. Hrsg. im Auftrage der Großherzogin Sophie von Sachsen. Weimar 1887–1919.

Johann Peter Eckermann, Gespräche mit Goethe in den letzten Jahren seines Lebens. Hrsg. v. Regine Otto unter Mitarbeit v. Peter Wersig. Berlin u. Weimar 1982.

Johann Peter Eckermann. Leben im Spannungsfeld Goethes. Ausstellungskatalog. Hrsg. im Auftrag der Stiftung Weimarer Klassik vom Goethe-Nationalmuseum. Weimar 1992.

Geschichte der Stadt Weimar. Im Auftrag des Rates der Stadt Weimar hrsg. v. Gitta Günther u. Lothar Wallraf. Weimar 1975.

Gitta Günther, Weimar-Chronik. Stadtgeschichte in Daten. Erste bis vierte Folge (531–1960). Weimar 1984–1990 (Tradition und Gegenwart. Weimarer Schriften. H. 10, 20, 24 u. 33).

Wolfram Huschke, Musik im klassischen und nachklassischen Weimar. 1756–1861. Weimar 1982.

Jochen Klauß, Alltag im „klassischen" Weimar. 1750–1850. Weimar 1990.

Gertrud Ranft, Historische Grabstätten aus Weimars klassischer Zeit. Der Jakobsfriedhof. Der Historische Friedhof. Weimar 1979 (Weimarer Schriften. H.35).

Eva Schmidt, Jüdische Familien im Weimar der Klassik und Nachklassik und ihr Friedhof. Weimar 1984 (Tradition und Gegenwart. Weimarer Schriften. H. 8).

Guido Schnaubert, Der alte Friedhof vom Jahre 1816. Die Begräbnisstätte aus Weimars Glanzzeit. Ein Führer für Fremde und Einheimische. Leipzig o.J.

Adelheid von Schorn, Das nachklassische Weimar in der Regierungszeit Karl Friedrichs und Maria Paulownas. Weimar 1911.

Ilse-Sybille Stapff, Die Begräbnisstätten in der Jakobskirche und auf dem Jakobskirchhof, in: Tausend Jahre Kirche in Weimar. Beiträge zur Geschichte des kirchlichen Lebens anläßlich der 1000-Jahr-Feier der Stadt Weimar. Berlin 1975, S. 50–68.

Weimar. Lexikon zur Stadtgeschichte. Hrsg. v. Gitta Günther, Wolfram Huschke u. Walter Steiner. Weimar 1993

Christoph Martin Wieland, Wielands Briefwechsel. Bd. 5. Hrsg. v. Hans Werner Seiffert. Berlin 1983.

Ernst von Wildenbruch, Das Hohelied von Weimar. Festspiel in 4 Bildern. Berlin 1908.

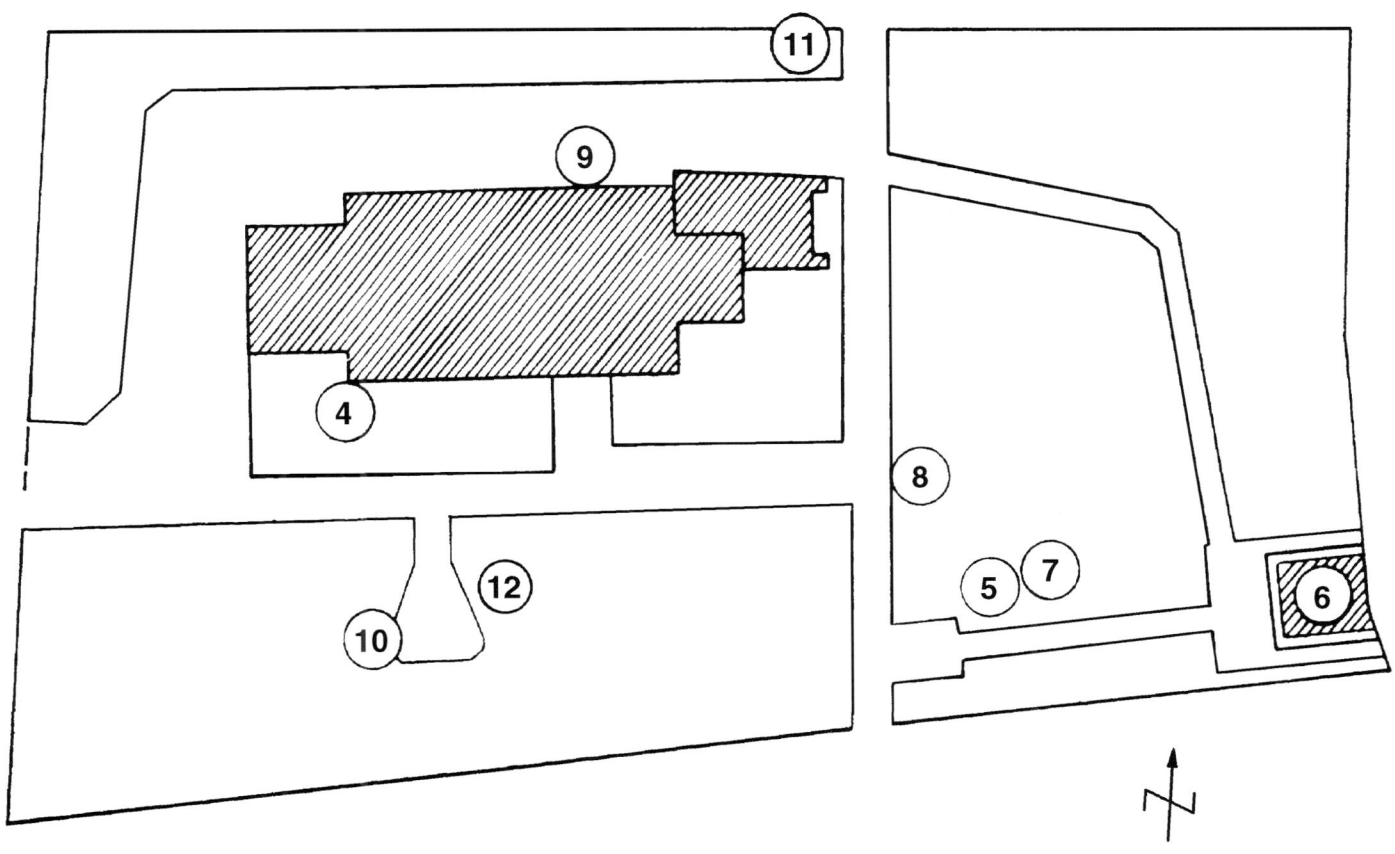

JAKOBSFRIEDHOF (KARTE 1)

4   Lucas Cranach d.Ä. u.a.
5   Johann Franz August Zimmermann
6   Louise von Göchhausen u.a.
7   Christiane Neumann-Becker
8   Johann Martin Mieding

9   Wilhelm Christoph Günther
10   Christiane von Goethe, geb. Vulpius
11   Christian Gottlob von Voigt
12   Friedrich Wilhelm Karl Graf von Schmettau

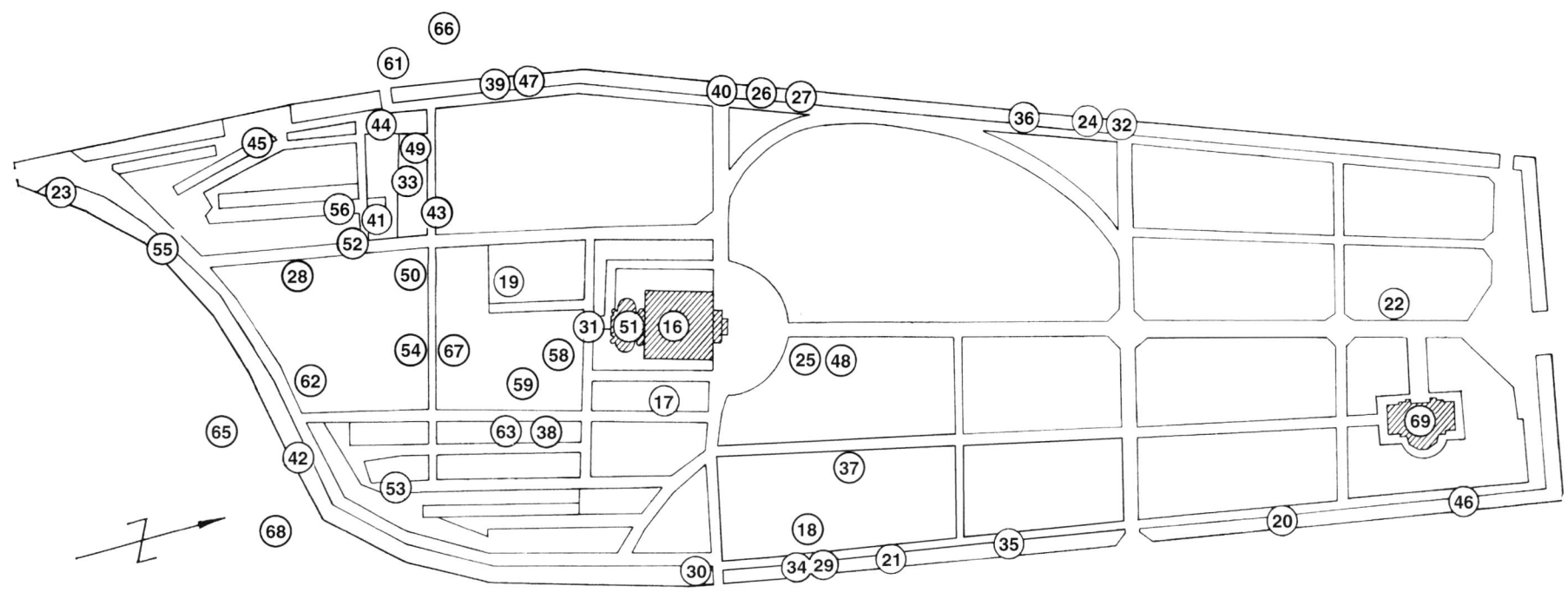

HISTORISCHER FRIEDHOF (KARTE 2 UND 3)

16 Herzog Carl August, Goethe, Schiller u.a.
17 Johann Peter Eckmann
18 Johanne Eckermann, geb. Bertram
19 Grabfeld der Marie-Seebach-Stiftung
20 Carl Ludwig Oels
21 Anton Genast u.a.
22 Christian August Vulpius
23 Carl Eberwein u.a.
24 Franz Kirms u.a.
25 François-René le Goullon
26 Johann Daniel Falk
27 Carl Friedrich Anton von Conta u.a.
28 Gustav Thon u.a.
29 Wilhelm Ernst Christian Huschke
30 Anna Dillon
31 Constanze Gräfin von Fritsch
32 Charlotte von Stein u.a.
33 Kanzler Friedrich von Müller

34 Friedrich Wilhelm Riemer u.a.
35 Johann Heinrich Meyer u.a.
36 Clemens Wenzeslaus Coudray
37 Theodor Walbaum
38 Adam Henss
39 Johann Nepomuk Hummel
40 Walther von Goethe u.a.
41 Angnes Aulhorn, geb. von Herder u.a.
42 Juliane Stichling, geb. von Wieland u.a.
43 Carl Wilhelm Constantin Stichling u.a.
44 Carl August Schwerdgeburth
45 Louise Seidler
46 Angelika Bellonata Facius
47 Amalie Riedel, geb. Buff u.a.
48 Ludwig von Reiche
49 Louise Eleonore Maximiliane Ottilie Gräfin
   von Donnersmarck
50 Henriette von Elgoffstein u.a.

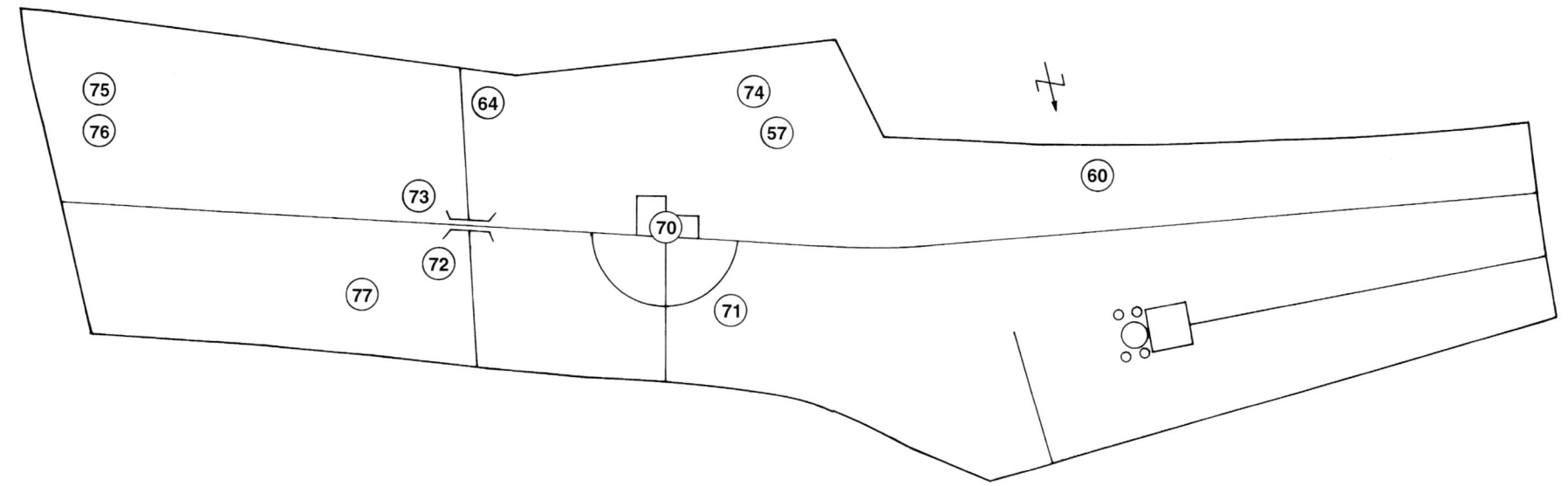

51 Großfürstin Maria Paulowna	65 Sophienhausschwestern
52 Buonaventura Genelli	66 Franz Schmidt
53 Friedrich Martersteig	67 Familie Grosch
54 Johann Gottlob Töpfer	68 Familie Kötschau
55 John Horrocks, Esq.	69 Gefallene des Ersten Weltkriegs
56 Carl Haussknecht	70 Friedhofskapelle
57 Ernst von Wildenbruch	71 Reinhard Scheer
58 Margarethe Freiin von Freytag-Loringhoven	72 Steinbrücke
59 Wolf Graf von Baudissin	73 Tote des Kapp-Putsches
60 Hermann Böhlau u.a.	74 Tote des Infanterie-Regiments Nr. 94
61 Theodor Müller	75 Gefallene des Zweiten Weltkriegs
62 Karl Papst	76 Opfer des Bombenterrors
63 Marie-Luise Koch u.a.	77 Opfer des Faschismus
64 Heinrich Ulrich u.a.	

Norbert Fischer

Vom Gottesacker zum Krematorium

Eine Sozialgeschichte der Friedhöfe in Deutschland

(Kulturstudien, Sonderband 17)

1996. X, 262 Seiten. 50 Abbildungen. Französische Broschur.
ISBN 3-412-11195-3

Friedhöfe, Grabmäler, Kapellen. und Krematorien sind nicht nur kunsthistorisch interessant – diese „Orte des Todes" verraten auch viel über die Sozialgeschichte Deutschlands. Denn im Umgang mit den Toten spiegelt sich der Wandel gesellschaftlicher Strukturen.

Die moderne Bestattungskultur geht auf die Zeit um 1800 zurück: Aus hygienischen Gründen mußten viele alte Friedhöfe geschlossen, neue Anlagen geschaffen werden. Dabei entstanden ästhetisch konstruierte Kulissen für den beginnenden Grabmalskult. Im Kaiserreich mündete diese Entwicklung in die Errichtung künstlicher „Naturfriedhöfe". Dagegen erhob sich eine Reformbewegung, die mit ihrer funktionalen Ästhetik die bis heute wirksame „Bürokratisierung des Todes" vorbereitete. Eine andere wichtige Zäsur war die Einführung der Feuerbestattung. Zunächst als „Technisierung des Todes" heftig bekämpft, wurde sie seit den 20er Jahren allgemein akzeptiert.

BÖHLAU VERLAG KÖLN WEIMAR WIEN

Theodor-Heuss-Str. 76, D - 51149 Köln